M000247822

Mc
Graw
Hill
Education

Bothell, WA • Chicago, IL • Columbus, OH • New York, NY

Cover and Title pages: Nathan Love

www.mheonline.com/lecturamaravillas

Send all inquiries to:
McGraw-Hill Education
Two Penn Plaza
New York, New York 10121

ISBN: 978-0-02-125822-2
MHID: 0-02-125822-8

Printed in the United States of America.

2 3 4 5 6 7 8 9 DOW 18 17 16 15 14 A

McGraw-Hill Lectura

Maravillas

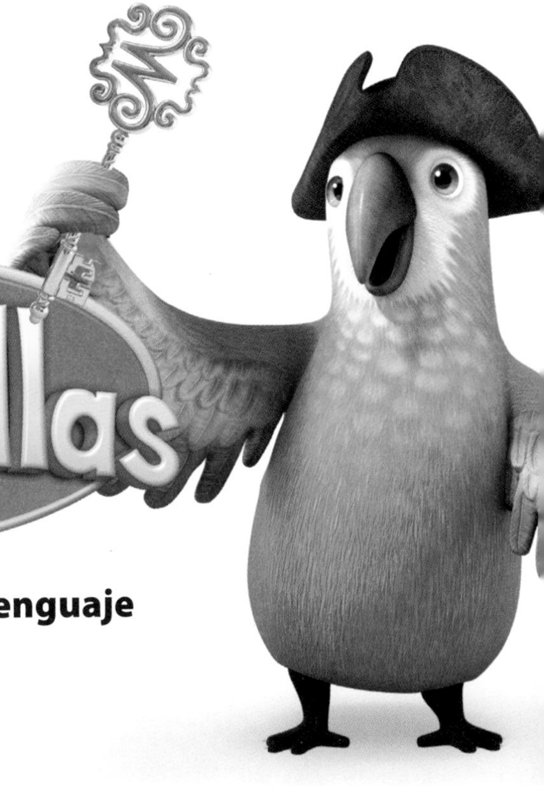

CCSS **Lectura / Artes del lenguaje**

Autores

Jana Echevarria

Gilberto D. Soto

Teresa Mlawer

Josefina V. Tinajero

Bothell, WA • Chicago, IL • Columbus, OH • New York, NY

Unidad 4 Animales por todas partes

La gran idea

¿De qué animales sabes algo?
¿Cómo son? **10**

Semana 1 • Características de los animales 12

Palabras para aprender 14
Fonética: Sonido ch 16
La cola del castor
Cuento folclórico 18
Comprensión: Orden de los sucesos 28
Escritura y gramática: Selección de palabras/El infinitivo 30

Semana 2 • Los animales unidos 32

Palabras para aprender 34
Fonética: Sonidos y de *ll* y u de *w* 36
Peces en equipo
No ficción 38
Comprensión: Idea principal y detalles clave 48
Escritura y gramática: Organización/El verbo *ir* 50

(t) MIYAKO/a.collectionRF/Getty Images; (b) Valeria Cis

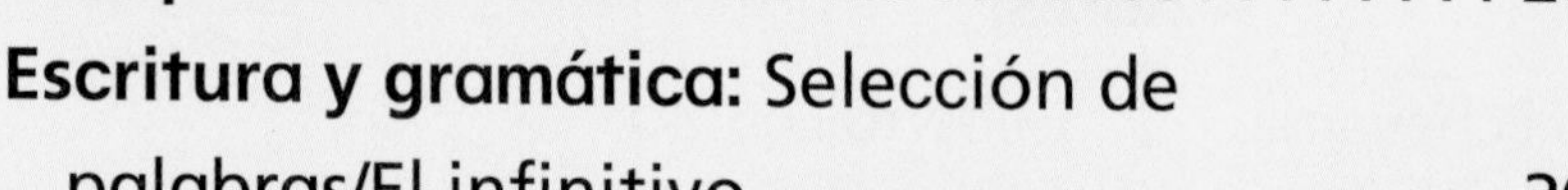
¡Conéctate! Las lecciones están en www.connected.mcgraw-hill.com.

CIENCIAS

Semana 3 • En la naturaleza 52

Palabras para aprender 54

Fonética: Sonido cl. 56

¡A comer!
No ficción. 58

Comprensión: Idea principal y detalles clave. 68

Escritura y gramática: Organización/ El verbo *ser* 70

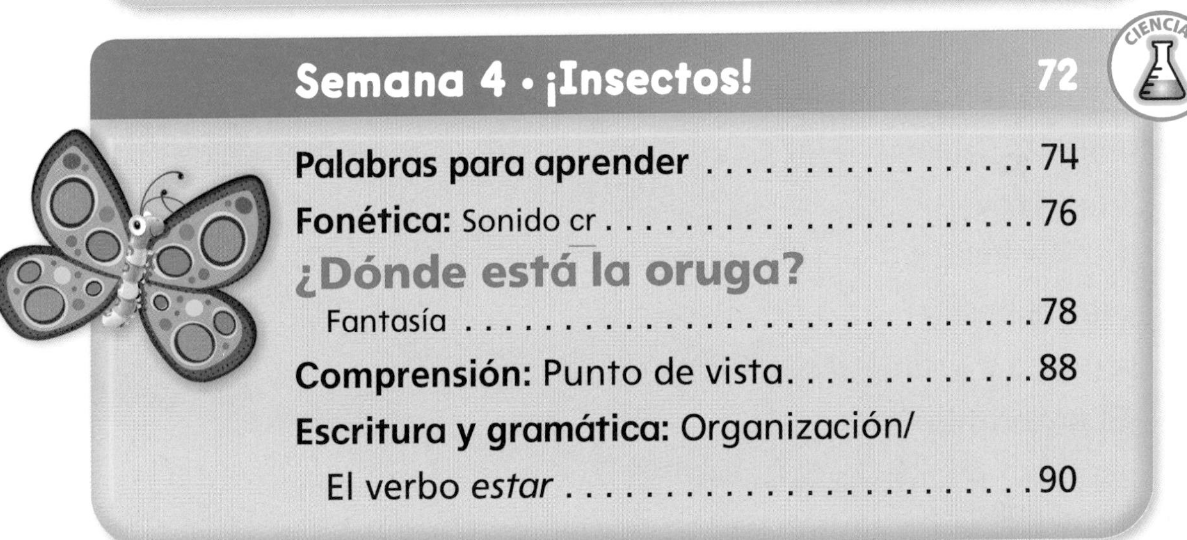

CIENCIAS

Semana 4 • ¡Insectos! 72

Palabras para aprender 74

Fonética: Sonido cr 76

¿Dónde está la oruga?
Fantasía 78

Comprensión: Punto de vista. 88

Escritura y gramática: Organización/ El verbo *estar* 90

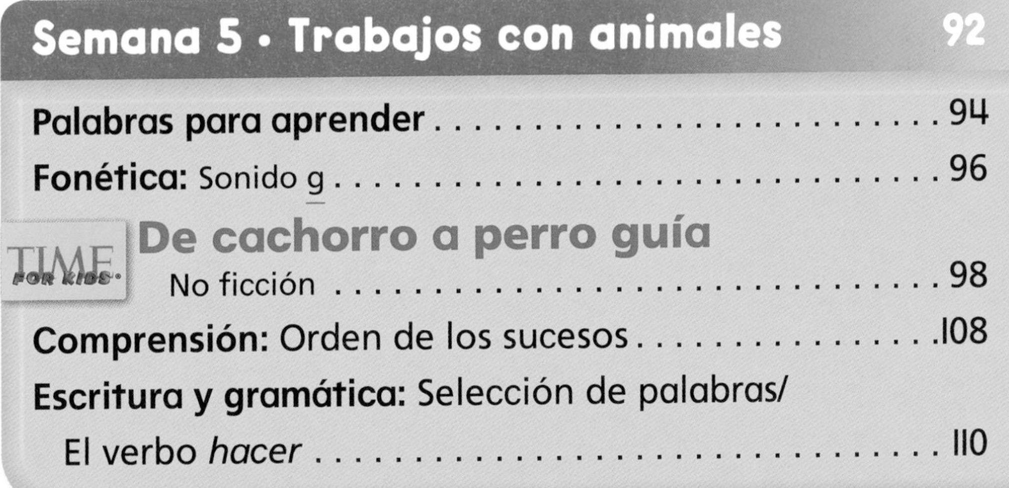

ESTUDIOS SOCIALES

Semana 5 • Trabajos con animales 92

Palabras para aprender 94

Fonética: Sonido g 96

TIME FOR KIDS **De cachorro a perro guía**
No ficción 98

Comprensión: Orden de los sucesos 108

Escritura y gramática: Selección de palabras/ El verbo *hacer* 110

(t) Andy Rouse/The Image Bank/Getty Images; (b) Daniel Moreton

Unidad 5

¿Cómo funciona?

La gran idea

¿Cómo podemos entender el mundo que nos rodea? **112**

Semana 1 • Se ve, se clasifica 114

Palabras para aprender 116

Fonética: Sonido s de las letras *c* y *z* 118

¡A ordenar! *Matías Alvarado*

Ficción realista 120

Comprensión: Punto de vista 130

Escritura y gramática: Fluidez de la oración/ El pronombre personal 132

Semana 2 • Arriba en el cielo 134

Palabras para aprender 136

Fonética: Sonidos ai, au, ei, eu, oi 138

Noches de luna *Benjamín Rossi*

Fantasía 140

Comprensión: Causa y efecto 150

Escritura y gramática: Selección de palabras/Pronombres personales 152

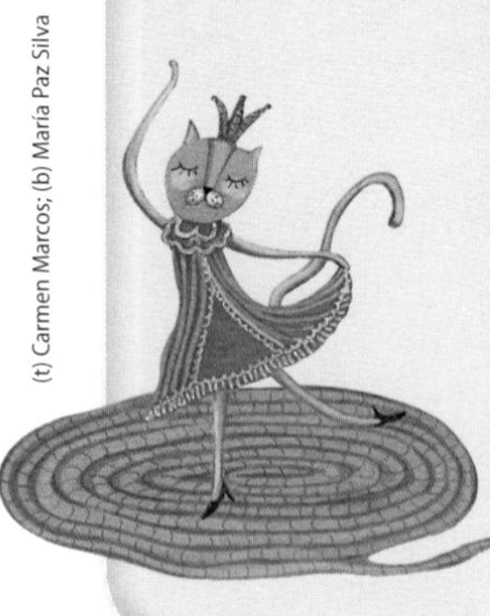

¡Conéctate! Las lecciones están en www.connected.mcgraw-hill.com.

Semana 3 • Grandes invenciones 154

ESTUDIOS SOCIALES

Palabras para aprender 156

Fonética: Sonidos ia, ie, io, iu, ua, ue, ui 158

Historia de un inventor de robots
Biografía 160

Comprensión: Problema y solución 170

Escritura y gramática: Selección de palabras/
El adjetivo 172

Semana 4 • Los sonidos nos rodean 174

CIENCIAS

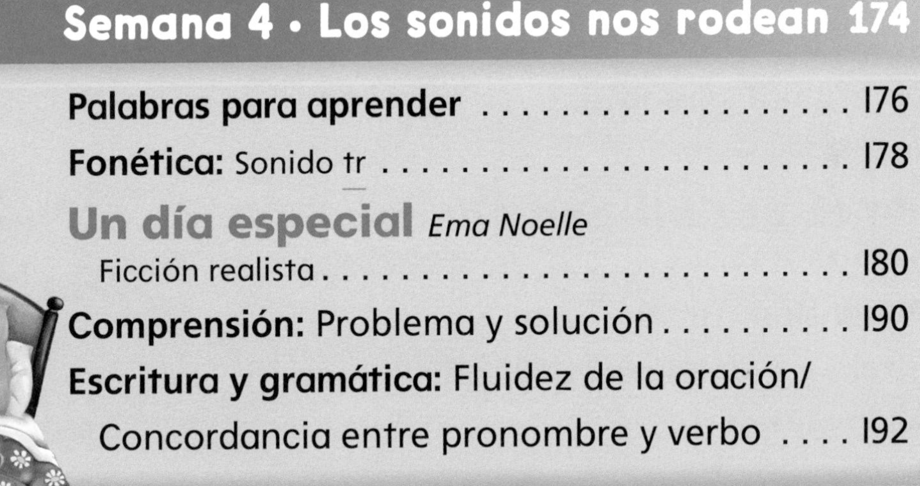

Palabras para aprender 176

Fonética: Sonido tr 178

Un día especial *Ema Noelle*
Ficción realista 180

Comprensión: Problema y solución 190

Escritura y gramática: Fluidez de la oración/
Concordancia entre pronombre y verbo 192

Semana 5 • ¡A construir! 194

CIENCIAS

Palabras para aprender 196

Fonética: Sonido u en güe, güi 198

TIME FOR KIDS.
Cómo se hace un barco
No ficción 200

Comprensión: Causa y efecto 210

Escritura y gramática: Organización/
Adjetivos calificativos. 212

Unidad 6 ¡Juntos podemos!

La gran idea

¿Cómo nos ayuda el trabajo en equipo? **214**

Semana 1 • Ponerse en acción 216

ESTUDIOS SOCIALES

Palabras para aprender 218

Fonética: Sonido bl 220

Todo es posible con ganas *M. Vargas*
Biografía 222

Comprensión: Tema 232

Escritura y gramática: Fluidez de la oración/ Adjetivos numerales 234

Semana 2 • Mi equipo 236

ESTUDIOS SOCIALES

Palabras para aprender 238

Fonética: Sonido br 240

Mucha gente nos ayuda
No ficción 242

Comprensión: Propósito del autor 252

Escritura y gramática: Voz/Sinónimos y antónimos 254

¡Conéctate! Las lecciones están en www.connected.mcgraw-hill.com.

Semana 3 • ¡Qué tiempo hace! 256

Palabras para aprender 258
Fonética: Sonido pl 260
Un vaquero en la nieve *A. Medel*
Ficción realista 262
Comprensión: Causa y efecto 272
Escritura y gramática: Voz/El sujeto. 274

Semana 4 • Compartir tradiciones 276

Palabras para aprender 278
Fonética: Sonido pr 280
En busca de los farolitos perdidos *Noelia Manzur*
Ficción realista 282
Comprensión: Tema 292
Escritura y gramática: Fluidez de la oración/ El predicado. 294

Semana 5 • Celebraciones en Estados Unidos 296

Palabras para aprender 298
Fonética: Sonidos ks, j de la letra *x* 300
TIME FOR KIDS ¡Gracias por la cosecha!
No ficción 302
Comprensión: Propósito del autor 312
Escritura y gramática: Ideas/Combinar oraciones. 314

(t) Ana Clariana; (b) Steve Dorado

Unidad 4

Animales por todas partes

El conejo

Mira mis orejas,
mi suave rabito,
mis ojos redondos
y mi hociquito.

Mira mis bigotes,
mis cuatro patitas,
mis tres zanahorias
y mis diez yerbitas.

Isabel Freire de Matos

La gran idea

¿De qué animales sabes algo? ¿Cómo son?

Concepto semanal
Características de los animales

¿? Pregunta esencial

¿Qué pueden hacer los animales con su cuerpo?

¡Conéctate!

F1 Online/SuperStock

Cosas de animales

Coméntalo

¿Qué parte del cuerpo les permite a las jirafas alcanzar las hojas?

Siede Preis/Photodisc/Getty Images

CCSS Palabras para aprender

atrás

El pingüino de **atrás** sigue al de adelante.

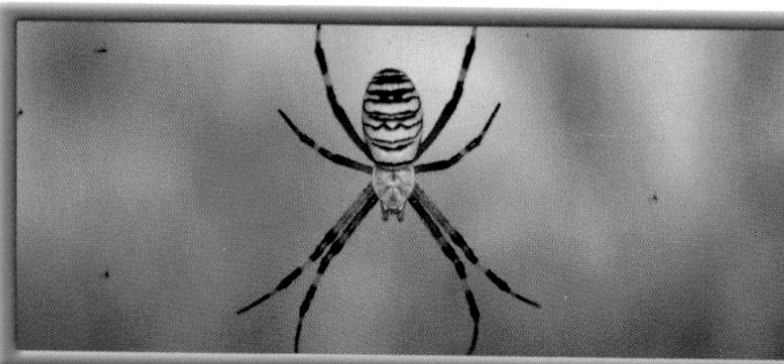

aunque

Aunque es pequeña, la araña es muy hábil.

entonces

El perro tiene sed, **entonces** toma agua.

muestro

Les **muestro** este pollito.

puede

Esta ave **puede** imitar sonidos.

trae

Su mamá les **trae** alimento.

formidable

El león es un animal **formidable**.

orgulloso

Está **orgulloso** de sus plumas.

Tu turno

Di la oración para cada palabra. Luego, haz otra oración.

¡Conéctate! *Usa el glosario digital ilustrado.*

Sonido ch

La palabra **mapache** tiene el sonido ch. Con este sonido podemos formar las sílabas cha, che, chi, cho, chu. Para escribir este sonido, usamos las letras *c* y *h* juntas.

Estas palabras tienen el sonido ch.

ducha	**noche**	**chica**
techo	**muchacho**	**leche**
chaleco	**chocolate**	**coche**

Silvia Álvarez Castellar

La araña Chela teje su tela con sus ocho patas.

De noche se abriga con su chal de hilo.

Busca estas palabras con el sonido ch en "La cola del castor".

Chicho	muchas	hacha
hachó	chata	chiquita
escuchó	chapotear	lancha

CCSS **Género** Cuento folclórico

Pregunta esencial

¿Qué pueden hacer los animales con su cuerpo?

Lee acerca de un castor y su cola especial.

¡Conéctate!

Valeria Cis

La cola del castor

Había una vez un castor que vivía en el bosque. Su nombre era Chicho.

Estaba muy **orgulloso** de su cola de pelo espeso. Y dedicaba muchas horas a alisarla.

Valeria Cis

“Cuando **muestro** mi cola, todos se asombran. ¡Ven que soy un castor **formidable**!”, pensaba el vanidoso Chicho.

Un día, Chicho vio un gran árbol. **Entonces** buscó su hacha. Y hachó y hachó sin parar.

Valeria Cis

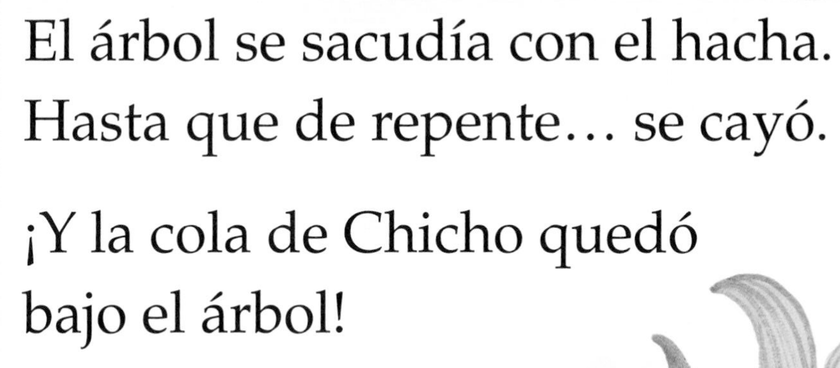

El árbol se sacudía con el hacha. Hasta que de repente… se cayó.

¡Y la cola de Chicho quedó bajo el árbol!

—¡Mi colita! ¡Quedó muy chata y chiquita! —El lamento de Chicho sonaba en todo el bosque.

El sol lo escuchó y lo consoló.

Valeria Cis

—¡Una cola chata **trae** ventajas, Chicho! —le dijo el sol al castor—. Te **puede** ayudar a nadar más rápido. Y si chapoteas, puedes avisar a los animales que estás cerca.

Chicho se puso contento.

Chicho quería usar su cola, **aunque** no sabía cómo.

Se puso a chapotear en el agua. Cuando los animalitos lo oyeron, dijeron: —¿Qué pasa, Chicho?

Valeria Cis

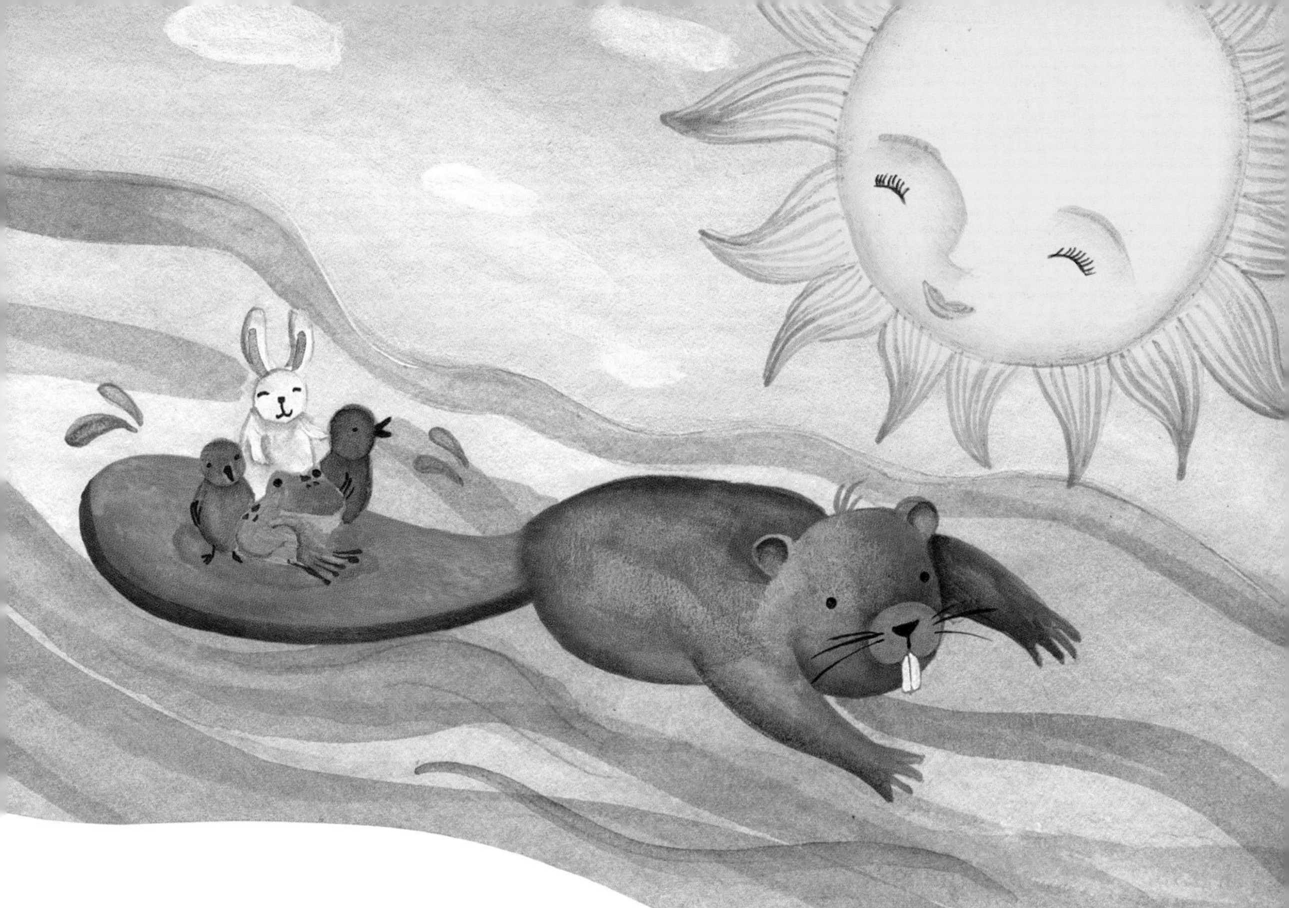

—¡Suban **atrás**!

Chicho estaba muy contento.

¡Y los animalitos usaron la cola de Chicho como una lancha!

Haz conexiones

¿Para qué le sirve a Chicho su cola nueva?

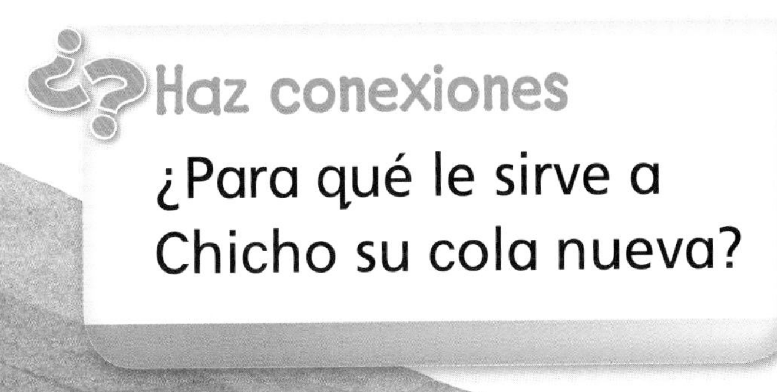

Orden de los sucesos

El **orden de los sucesos** es el orden en que aparecen los detalles clave de un cuento. Piensa en lo que sucede primero, después, luego y al final de este cuento folclórico.

Busca evidencias en el texto

Descubre lo que pasa primero en el cuento.

página 20

Había una vez un castor que vivía en el bosque. Su nombre era Chicho.

Estaba muy **orgulloso** de su cola de pelo espeso. Y dedicaba muchas horas a alisarla.

Valeria Cis

Leer juntos

Primero

Chicho está orgulloso de su cola.

Después

Un árbol cae sobre su cola y la aplasta.

Luego

El sol le explica las ventajas de tener cola chata.

Al final

La cola nueva de Chicho le permite comunicarse con sus amigos y nadar mejor.

Tu turno

Conversa sobre el orden de los sucesos en "La cola del castor".

¡Conéctate! *Usa el organizador gráfico interactivo.*

De lectores...

Selección de palabras Mechi usó palabras adecuadas para hacer una comparación.

Cuento de Mechi

En una colmena, las abejas hacían miel. ¡La miel era dorada como el sol! Un oso quiso comer la miel. Quiso meter su pata. ¡Y las abejas lo picaron!

COLABORA

Tu turno

Comenta la comparación que hizo Mechi.

a escritores

El infinitivo Los verbos en **infinitivo** indican una acción. Estos verbos terminan en **-ar, -er** o **-ir**. La palabra **comer** es un verbo en infinitivo.

Un oso quiso
comer la miel.

Tu turno

- Subraya otro verbo en infinitivo en el cuento de Mechi.
- Marca el punto y seguido.
- Escribe una oración que incluya un verbo en infinitivo.

Valeria Cis

Concepto semanal Los animales unidos

Pregunta esencial

¿Cómo se ayudan los animales?

¡Conéctate!

NHPA/Photoshot

¡En equipo!

Coméntalo

¿Cómo se ayudan el pájaro y el hipopótamo?

Palabras para aprender

cuerpo

Su **cuerpo** está hecho para volar.

difícil

Es **difícil** mantener el equilibrio.

empezar

Los pingüinos van a **empezar** a nadar.

hacia

Este ciervo mira **hacia** atrás.

porque

Las regamos **porque** necesitan agua.

seguir

Las hormigas deben **seguir** un camino.

compañero

El gato es un buen **compañero**.

peligro

Su mamá lo cuida del **peligro**.

Tu turno

Di la oración para cada palabra. Luego, haz otra oración.

¡Conéctate! *Usa el glosario digital ilustrado.*

Sonidos y de *ll* y u de *w*

La palabra **llama** comienza con el sonido y de la letra *ll*. Con este sonido y esta letra podemos formar las sílabas lla, lle, lli, llo, llu.

La palabra **kiwi** tiene el sonido u de la letra *w*. Esta letra se usa en muy pocas palabras en español.

Estas palabras tienen el sonido y de la letra *ll* o el sonido u de la letra *w*.

llave	**calle**	**milla**
Wanda	**Walter**	**silla**
lleno	**anillo**	**ardilla**

Los pollitos amarillos quieren comer.

Wanda los llama y les da semillas.

Tu turno

Busca estas palabras con el sonido y de la letra *ll* o con el sonido u de la letra *w* en "Peces en equipo".

Hawái	**bellos**	**orilla**
llamado	**allí**	**llama**
llega	**millar**	

CCSS **Género** No ficción

Pregunta esencial

¿Cómo se ayudan los animales?

Lee sobre el modo en que se ayudan los peces.

¡Conéctate!

Martin Strmiska/Alamy

Peces en equipo

Algunos peces nadan en los ríos. Otros nadan en el mar.

En las islas de Hawái, podemos ver peces muy bellos cerca de la orilla.

¡Vamos a nadar para **seguir** a estos peces por el fondo del mar!

A veces, los peces nadan solos. A veces, nadan con un **compañero**.

Muchos nadan juntos. Forman un equipo llamado cardumen.

En un cardumen hay muchos peces. Para **empezar** a moverse, esperan a estar todos juntos.

Entonces nadan **hacia** el fondo. Allí buscan comida.

Reinhard Dirscherl/Alamy

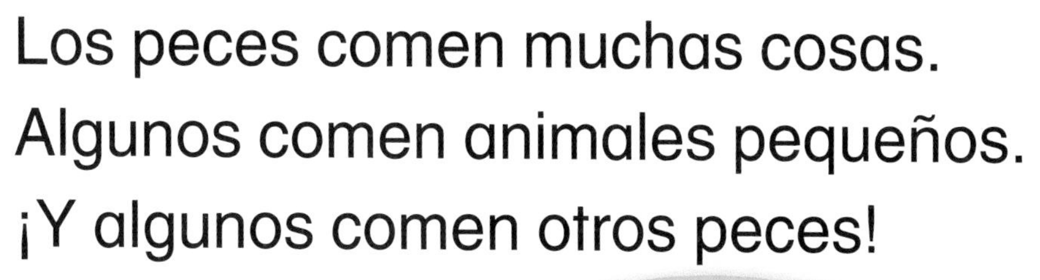

Los peces comen muchas cosas.
Algunos comen animales pequeños.
¡Y algunos comen otros peces!

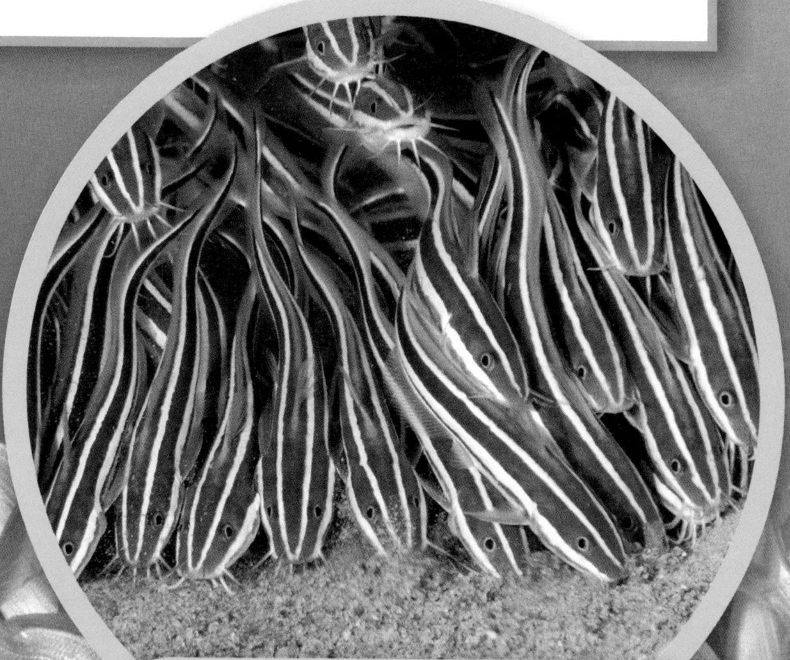

Los peces gato comen juntos para estar a salvo.

Los peces están en **peligro** cuando nadan solos. ¿Por qué? **Porque** un pez grande los puede comer.

Pero si están en un cardumen, se pueden esconder.

Georgette Douwma/Photographer's Choice/Getty Images

Un cardumen ordenado llama la atención.

De lejos, parece el **cuerpo** de un animal grande.

¡Y nadie se mete con un animal tan grande!

Las catalufas nadan juntas para evitar que las coma un pez grande.

(inset) Fred Bavendam/Minden Pictures

Aquí llega un pez que busca comida. Pero no se anima a molestar al cardumen… ¡Se imagina que el cardumen es un animal enorme!

En un cardumen, los peces están a salvo.

¡Es **difícil** derrotar a un equipo tan fantástico!

Miles de barracudas nadan juntas.

Haz conexiones

¿De qué manera se ayudan los peces? **Pregunta esencial**

Idea principal y detalles clave

La **idea principal** es la idea más importante de la selección.

Los **detalles clave** dan información acerca de la idea principal.

Busca evidencias en el texto

Busca un detalle que indique cómo se ayudan los peces de un cardumen.

página 42

En un cardumen hay muchos peces. Para **empezar** a moverse, esperan a estar todos juntos.

Entonces nadan **hacia** el fondo. Allí buscan comida.

Idea principal
En un cardumen, los peces se ayudan.

Detalle	Detalle	Detalle
Nadan y buscan comida juntos.	Se cuidan entre sí.	Mantienen alejados a los peces grandes.

COLABORA

Tu turno

Comenta la idea principal y los detalles de "Peces en equipo".

¡Conéctate! *Usa el organizador gráfico interactivo.*

Escritura y gramática

De lectores...

Organización Walter escribió instrucciones para hacer un hormiguero. Escribió los pasos en orden.

Instrucciones de Walter

Primero, pon tierra en un tarro. Haz hoyos en la tapa. Luego, pon las hormigas. Van hacia abajo. Después, van a buscar comida.

Tu turno

Explica cómo organizó Walter sus instrucciones.

a escritores

El verbo ir El verbo **ir** es especial. No sigue las mismas reglas que otros verbos. Algunas formas del verbo **ir** son **voy, vas, va, vamos, van**.

Después, **van** a buscar comida.

Tu turno

- Subraya otro ejemplo del verbo **ir** en las oraciones de Walter.
- Marca el punto y seguido.
- Escribe otra oración que incluya el verbo **ir**.

Mike Dammer

Concepto semanal En la naturaleza

Pregunta esencial

¿Cómo sobreviven los animales en la naturaleza?

¡Conéctate!

Inaki Relanzon/naturepl.com

¡Sobrevivientes!

COLABORA

Coméntalo

¿Cómo obtiene el águila su comida?

CCSS Palabras para aprender

embargo

Es difícil; sin **embargo**, saltamos.

gusto

Ellos comparten su **gusto** por las frutas.

habrá

Habrá suficiente alimento para todas.

luego

Primero se para y **luego** camina.

quien

Ella es **quien** cuida el parque.

río

En el **río** hay peces.

insecto

La abeja es un **insecto**.

susto

¡Un oso puede dar un gran **susto**!

Di la oración para cada palabra.
Luego, haz otra oración.

¡Conéctate! *Usa el glosario digital ilustrado.*

(t to b, l to r) ImageDJ/Alamy; Image Source/Getty Images; Organics image library/Alamy; imagebroker.net/SuperStock; Michael Melford/National Geographic/Getty Images; Ingram Publishing; Creatas Images/PictureQuest/Getty Images; altrendo nature/Stockbyte/Getty Images

Sonido cl

La palabra **clavo** comienza con el sonido cl. Con este sonido podemos formar las sílabas cla, cle, cli, clo, clu.

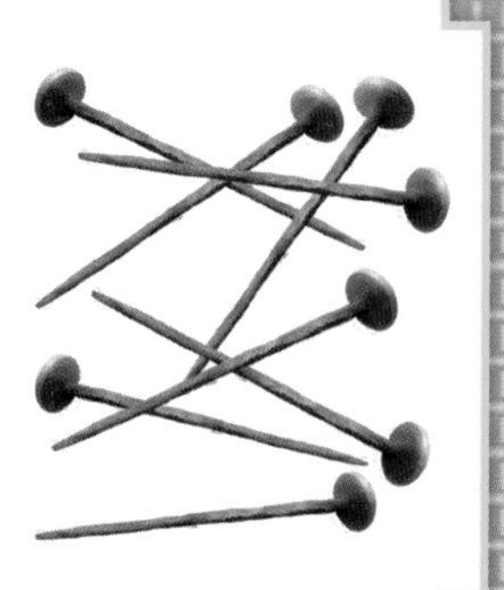

Estas palabras tienen el sonido cl.

clavel	**clima**	**ancla**
tecla	**inclinar**	**claro**
cloro	**clase**	**clave**

Cuando hay buen clima, el oso Cleto sale de paseo.

En un claro del bosque se inclina a oler los claveles.

Tu turno

Busca estas palabras con el sonido cl en "¡A comer!".

clase	**incluso**	**clava**
inclina	**clima**	**claro**

EckPhoto/Alamy

¡A comer!

Todos los animales deben comer para vivir. Sin **embargo**, no todos comen la misma clase de alimentos. Algunos animales grandes, como el hipopótamo, se alimentan de plantas. Este animal puede comer más de 130 libras de pasto por día.

Algunos animales pequeños comparten ese **gusto** por las plantas. ¡Pero comen menos! Esta ardilla come semillas y frutos secos. Puede oler una avellana incluso si está bajo la nieve.

Alex Fieldhouse/Alamy

Algunos animales comen otros animales. Este felino corre sin parar para cazar animales. Les clava muy rápido las uñas y los colmillos.

Andy Rouse/The Image Bank/Getty Images

Los sapos y las ranas buscan su comida en los estanques. Esta rana está comiendo un **insecto**. También adora los caracoles. ¡Y los ratones! Los come sin masticar, porque no tiene dientes.

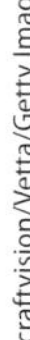
craftvision/Vetta/Getty Images

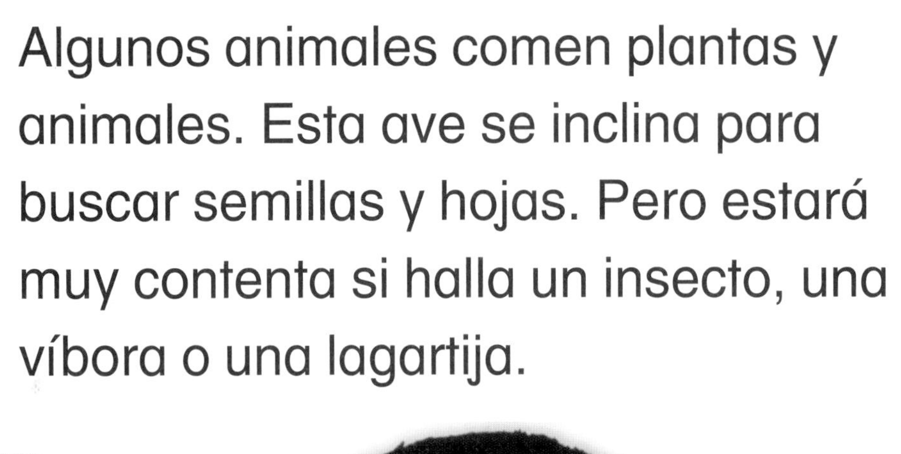

Algunos animales comen plantas y animales. Esta ave se inclina para buscar semillas y hojas. Pero estará muy contenta si halla un insecto, una víbora o una lagartija.

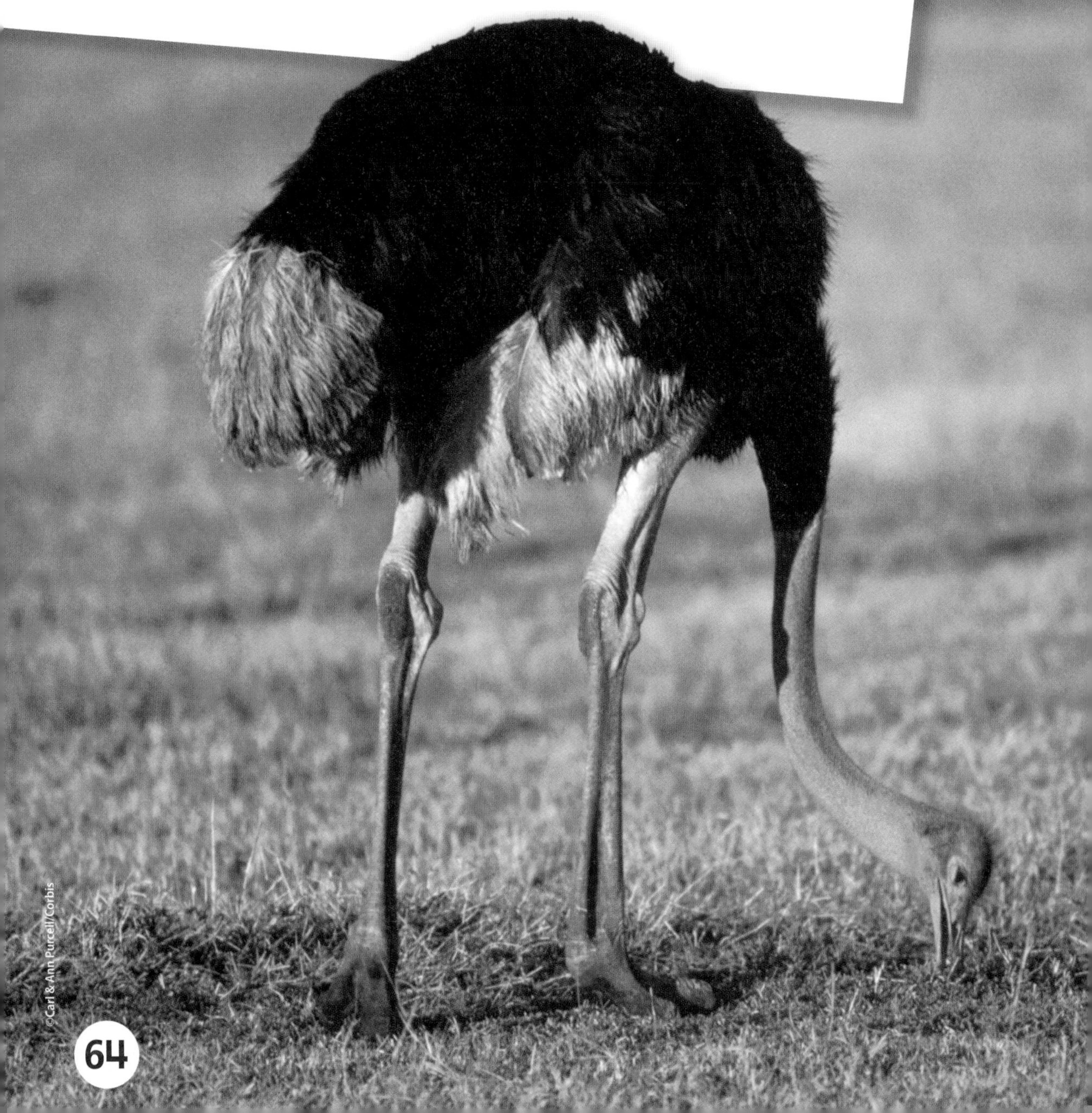

Esta tortuga pintada come plantas, peces y ranas. Vive en estanques de agua fría. Después de nadar, sale a la orilla para descansar en el clima cálido.

Por la mañana, el oso puede comer plantas. **Luego**, pesca en el **río** claro. Más tarde sale a cazar. Por la noche, en el campamento, **habrá** más comida para buscar…

Andy Rouse/The Image Bank/Getty Images

¡Qué **susto** ver un oso por aquí! ¡Él es **quien** se lleva la comida del campamento!

Los animales salvajes buscan comida de muchas maneras.

Juniors Bildarchiv/Alamy

¿? Haz conexiones

¿Qué comen los animales salvajes? **Pregunta esencial**

Idea principal y detalles clave

La **idea principal** es aquello de lo que trata la lectura.

Los **detalles clave** dan información acerca de la idea principal.

Busca evidencias en el texto

Busca detalles clave que indiquen lo que comen los animales salvajes.

página 60

Todos los animales deben comer para vivir. Sin **embargo**, no todos comen la misma clase de alimentos. Algunos animales grandes, como el hipopótamo, se alimentan de plantas.

Leer juntos

Idea principal
Los animales comen diferentes alimentos.

Detalle	Detalle	Detalle
Algunos animales comen plantas.	Algunos animales comen otros animales.	Algunos animales comen plantas y animales.

Tu turno

Comenta la idea principal y los detalles clave de "¡A comer!".

¡Conéctate! *Usa el organizador gráfico interactivo.*

Corbis Flirt/Alamy

De lectores...

Organización Clea escribió un informe. Presentó el tema en la primera oración.

Informe de Clea

¿Qué comen las palomas?
Las palomas son aves. Su comida favorita es el maíz. Son aves pequeñas, pero comen mucho.

Tu turno

Comenta cómo organizó Clea su informe.

a escritores

El verbo ser El verbo **ser** no sigue las mismas reglas que otros verbos. Estas son algunas formas del verbo **ser**: **soy**, **eres**, **es**, **somos**, **son**.

Las palomas **son** aves.

Tu turno

- Subraya otros ejemplos del verbo **ser** en el informe de Clea.
- Marca un punto y aparte.
- Escribe otra oración que incluya el verbo **ser**.

Concepto semanal ¡Insectos!

Pregunta esencial

¿Qué insectos conoces? ¿En qué se parecen y en qué se diferencian?

¡Conéctate!

altrendo nature/Altrendo/Getty Images

En el jardín

Coméntalo

¿En qué se parece la oruga a otros insectos? ¿En qué se diferencia?

CCSS

Palabras para aprender

esfuerzo

El castor corta el palo con **esfuerzo**.

estudio

Debo hallar insectos para mi **estudio**.

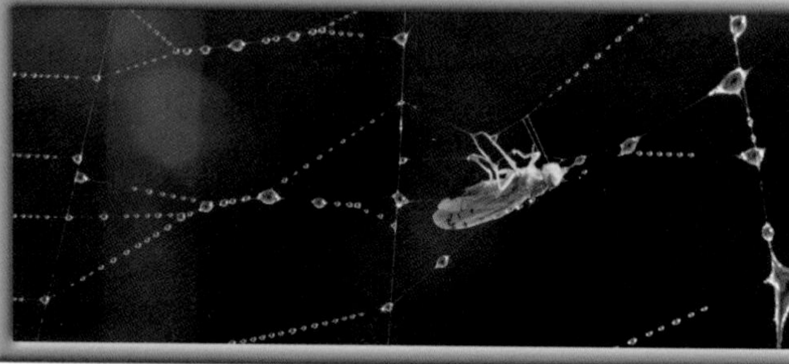

existen

Existen muchos tipos de insectos.

grupo

En este panal hay un **grupo** de abejas.

libro

Leemos un **libro** sobre insectos.

problema

¡Qué **problema** si me pica esta avispa!

elegante

Tengo un sombrero **elegante**.

hermoso

El color de las alas es **hermoso**.

Tu turno

Di la oración para cada palabra. Luego, haz otra oración.

¡Conéctate! *Usa el glosario digital ilustrado.*

Sonido cr

La palabra **crema** tiene el sonido cr. Con este sonido podemos formar las sílabas cra, cre, cri, cro, cru.

Estas palabras tienen el sonido cr.

cráter	**croqueta**	**escribir**
secretos	**crudo**	**creyón**
cría	**creo**	**crocante**

La araña Cris escribe poemas en secreto.

¡Es una escritora muy creativa!

Tu turno

Busca estas palabras con el sonido cr en "¿Dónde está la oruga?".

crema	**secreto**	**creo**
crees	**crujido**	**crisálida**
cristal		

CCSS **Género** Fantasía

Pregunta esencial

¿Qué insectos conoces? ¿En qué se parecen y en qué se diferencian?

Lee acerca de un grupo de insectos amigos.

¡Conéctate!

Illustration: Daniel Moreton; Photo: (bkgd) Exactostock/Supe

¿Dónde está
la oruga?

¡Qué vanidosos!

El sol se asoma. En el jardín, un **grupo** de insectos se junta para hablar.

—Subo a las flores más altas de un salto. ¡No **existen** límites para mí! —comenta el vanidoso saltamontes.

Daniel Moreton

—Yo llevo hojas enormes sin **esfuerzo** —dice la hormiga.

—Mis alas son de un **hermoso** color rojo —dice la catarina.

—Yo recorro el jardín volando en menos de un minuto —añade la abeja.

—¡Yo no! —se lamenta la oruga—. No sé saltar ni volar. No llevo hojas sobre el lomo. Ando muy lentamente por el piso…

La oruga se aleja con pena. Y los demás se apenan al verla partir.

¿Dónde está la oruga?

A la tarde, la catarina sirve helado de crema para todos. Pero la oruga no está. ¿Adónde fue? ¿Estará en un escondite secreto?

—¿Y si está perdida? —dice el saltamontes—. ¡Qué **problema**!

—Creo que sé dónde está —comenta la hormiga—. Cuando está triste, lee su **libro** favorito bajo el árbol. A la oruga le encanta el **estudio**.

Y los dos salen a buscarla.

Daniel Moreton

—¿Y si no está allí? —dice la catarina—. Esta mañana vi un pájaro volando… ¿Crees que la atacó?

—Oí un crujido entre las ramas —dice la abeja, asustada—. ¡Vamos a ayudarla!

Y las dos salen volando.

Una amiga elegante

Pasan los días y la oruga no aparece.

Una mañana, llega una **elegante** mariposa de visita.

—¡Volví! —Todos miran a la mariposa sin entender—. Me envolví en una bolsa de hilo llamada crisálida. Dormí por unos días y me desperté así.

Daniel Moreton

—¡Soy yo! Antes era una oruga. ¡Ahora soy una mariposa!

—¡Qué bella! ¡Tus alas son como el cristal! —suspira la catarina.

—¡Ahora puedo volar! ¡Vamos a jugar! —dice la mariposa.

Haz conexiones

¿En qué se parecen y en qué se diferencian los insectos?

Pregunta esencial

Punto de vista

El **punto de vista** es lo que un personaje de un cuento piensa o siente.

Busca evidencias en el texto

Busca el punto de vista de uno de los personajes del cuento.

página 84

—¿Y si está perdida? —dice el saltamontes—. ¡Qué **problema**!

Daniel Moreton

Leer juntos

Personaje	Pista	Punto de vista
Saltamontes	Cree que la oruga está perdida.	Está preocupado por la oruga.
Abeja	Cree que un pájaro atacó a la oruga.	Quiere salvar a la oruga.
Oruga/ Mariposa	Les dice a sus amigos que puede volar.	Está contenta de poder volar.

Tu turno

Conversa sobre los diferentes puntos de vista en "¿Dónde está la oruga?".

¡Conéctate! *Usa el organizador gráfico interactivo.*

CCSS Escritura y gramática

De lectores...

Organización Cris escribió una conclusión en su opinión de un cuento.

Opinión de Cris

Este cuento me encanta. Primero, la oruga está triste porque no puede volar ni saltar.
Al final, la oruga está contenta.
¡Ahora es una mariposa!

COLABORA

Tu turno

Comenta cómo organizó Cris su opinión.

a escritores

El verbo estar Estas son algunas formas del verbo **estar**: **estoy, estás, está, estamos, están**.

Al final, la oruga **está** contenta.

Tu turno

- Subraya otro ejemplo del verbo **estar** en la opinión de Cris.
- Encierra en un círculo un punto y aparte.
- Escribe otras oraciones con el verbo **estar**.

Daniel Moreton

Bob Winsett/Photolibrary/Getty Images

Los animales y nosotros

Coméntalo

¿Qué está aprendiendo a hacer este perro?

CCSS

Palabras para aprender

blanco

Este perro tiene pelo **blanco** y marrón.

encontrar

El perro lo ayuda a **encontrar** el camino.

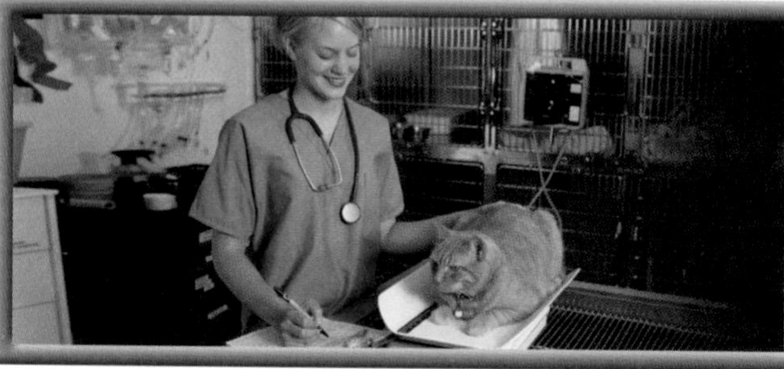

escribe

Ella **escribe** lo que necesita el gato.

escuchar

Mi caballo se acerca al **escuchar** mi voz.

hablar

Este mono puede **hablar** con señas.

Leer juntos

quizá

Quizá salga de paseo con su perro.

astuto

Este pájaro es muy **astuto**.

señal

El perro comprende cada **señal**.

Tu turno

Di la oración para cada palabra. Luego, haz otra oración.

¡Conéctate! *Usa el glosario digital ilustrado.*

(t to b, l to r) Peter Titmuss/Alamy; ©Jim Craigmyle/Corbis; Corbis/PunchStock; Paul Mansfield/Flickr/Getty Images; Picture Press/Alamy; John W. Banagan/Photographer's Choice/Getty Images; Tracey Charleson/Photo Researchers/Getty Images; Minden Pictures/SuperStock

Sonido g

La palabra **gato** comienza con el sonido g. Con este sonido podemos formar las sílabas ga, go y gu. También podemos formar las sílabas gue y gui. Recuerda que en las sílabas gue y gui, el sonido u no se pronuncia.

Estas palabras tienen el sonido g.

galleta	**sigue**	**guiso**
gorro	**gusano**	**guitarra**
gota	**canguro**	**merengue**

Godo y Gala son perros de rescate.

Ayudan en el lugar cuando algún guía los necesita.

Tu turno

Busca estas palabras con el sonido g en "De cachorro a perro guía".

guía	**algunos**	**llega**
amigo	**Magú**	**juguetón**
seguro	**seguir**	**tenga**

CCSS **Género** No ficción

TIME FOR KIDS®

Pregunta esencial

¿Cómo trabaja la gente con los animales?

Lee acerca de los perros guía.

¡Conéctate!

De cachorro a perro guía

Casi todos los perros son mascotas. Pero algunos ayudan a las personas. ¿Cómo llega un cachorro a ser un perro de ayuda?

Un amigo leal

Este perrito **blanco** es Magú. Es un cachorro **astuto** y juguetón. Corre y salta todo el día. Cuando sea mayor, **quizá** sea de gran ayuda para una persona que no puede ver. ¡Y seguro que será un amigo muy leal!

(l) Juniors Bildarchiv/age fotostock; (r) Getty Images/Photodisc

Los perros de ayuda se llaman perros guía. Para ser guía, un cachorro debe ser muy listo. Como debe seguir órdenes, es importante que no tenga mañas. Su entrenamiento puede empezar cuando tiene ocho semanas.

DATO

Los labradores son buenos perros guía. Son listos y siguen las órdenes que les dan.

▼ **Un perro guía puede ser grande o pequeño.**

Ryan McVay/Photolibrary

En familia

Los cachorros como Magú viven con una familia durante al menos un año. Esa familia los alimenta y les da cariño. También los ayuda a estar sanos y les enseña muchas cosas.

▲ Los cachorros deben ver regularmente al veterinario.

DATO

Hay cerca de 10,000 perros guía en Estados Unidos y Canadá.

La familia enseña a los cachorros a comportarse bien. Los perros guía deben llevar a cabo muchas tareas en diferentes lugares. Por eso, la familia lleva a los cachorros a conocer la comunidad. Así, los perros podrán **encontrar** el camino y guiar a sus amos.

▲ Este perro acompaña a la niña a un partido.

▼ Cada perro se adiestra por separado.

En la calle

Los perros guía ayudan a cruzar la calle a las personas que no pueden ver. Como no saben **hablar**, se comunican con el cuerpo. Aprenden a parar si hay luz roja en el semáforo. De ese modo, su amo sabe que no debe seguir caminando.

DATO

Un perro guía puede ir a los mismos lugares que la persona a la que ayuda.

Zuma Press/Newscom

▲ Este perro guía aprende a cruzar la calle.

Un perro guía también puede ayudar a una persona que no camina o que no se puede mover. El perro hace diferentes tareas en el mercado, en la calle o en la casa.

Un perro guía puede llamar el elevador y buscar cosas.

(t) Huntstock/Getty Images; (b) Arterra Picture Library/Alamy

Un buen oído

Hay perros guía que ayudan a personas que no oyen. Al **escuchar** una **señal** de alarma o un grito, los perros le avisan a su amo con la patita o con un tirón en la ropa.

Los perros guía saben que algunos sonidos son alertas de seguridad.

Yan Sheng/CNImaging/Newscom

DATO

No se debe molestar a los perros guía cuando están en su trabajo.

¡Listo para guiar!

Enseñar a un perro a ser guía es una tarea delicada. Por eso, cuando una persona adopta un perro guía, **escribe** una nota para dar las gracias a la familia que lo educó.

¡Su trabajo ayuda a mucha gente!

Haz conexiones

¿Qué entrenamiento recibe un perro para ser guía? **Pregunta esencial**

altrendo images/Altrendo/Getty Images

Orden de los sucesos

Los autores a menudo dan información siguiendo un **orden** de tiempo.

Busca evidencias en el texto

Busca algo que pase primero en la vida de un cachorro que será guía.

página 101

Para ser guía, un cachorro debe ser muy listo. Como debe seguir órdenes, es importante que no tenga mañas. Su entrenamiento puede empezar cuando tiene ocho semanas.

Primero

El entrenamiento del cachorro puede empezar cuando tiene ocho semanas.

Después

Una familia lo entrena durante un año.

Luego

El cachorro aprende muchas cosas. Poco a poco, se convierte en perro guía.

Al final

Alguien que lo necesita adopta al perro guía.

Tu turno

Comenta el orden de los sucesos en la vida de un perro tal como se presenta en "De cachorro a perro guía".

¡Conéctate! *Usa el organizador gráfico interactivo.*

Selección de palabras En sus instrucciones, Guille usó palabras que indican orden.

Instrucciones de Guille

¿Qué haces para cuidar a tu perro? Primero le das comida y agua. Luego, lo sacas a pasear. Y al final, lo mimas.

¡Hacen muchas cosas juntos!

Tu turno

Comenta qué palabras usó Guille para indicar el orden de los pasos a seguir.

a escritores

El verbo hacer Estas son algunas de las formas del verbo **hacer**: **hago**, **haces**, **hace**, **hacemos**, **hacen**.

¡**Hacen** muchas cosas juntos!

Tu turno

- Subraya otro ejemplo del verbo **hacer** en las instrucciones de Guille.
- Marca el punto y seguido y el punto y aparte.
- Escribe otras oraciones que incluyan el verbo **hacer**.

Paul Eric Rosa

Unidad 5

¿Cómo funciona?

La gran idea

¿Cómo podemos entender el mundo que nos rodea?

Chris Howes/Wild Places Photography/Alamy

La sombra

Tengo una sombra sombrita,
que conmigo viene y va.
Dondequiera que yo vaya,
a mi lado siempre está.

De los pies a la cabeza
somos muy parecidos.
Siempre hace lo que yo hago,
eso nunca lo he entendido.

Robert Louis Stevenson

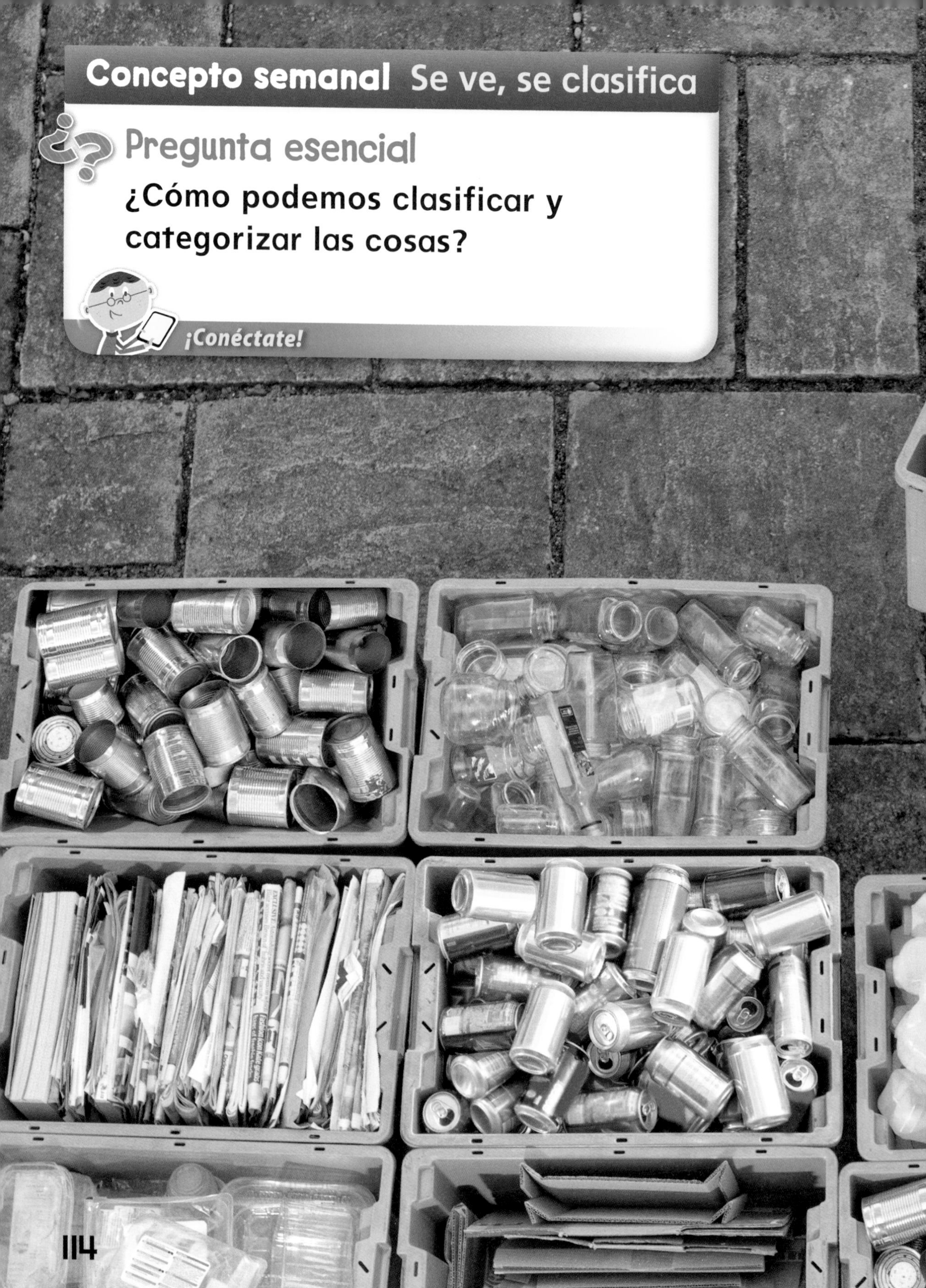

Concepto semanal Se ve, se clasifica

¿? Pregunta esencial

¿Cómo podemos clasificar y categorizar las cosas?

¡Conéctate!

Mezclar y emparejar

COLABORA

Coméntalo

¿Cómo clasifica estas cosas la niña?

Les & Dave Jacobs/Cultura/Getty Images

Palabras para aprender

bien

El granero se ve **bien** pintado de rojo.

ciudad

Vivo en una **ciudad** grande.

cuatro

Las ovejas tienen **cuatro** patas.

iguales

¡Estos perritos son todos **iguales**!

palabra

Este cartel muestra la **palabra** ALTO.

pues

Cargamos la calabaza entre dos, **pues** pesa.

forma

Las ruedas tienen **forma** redonda.

tirar

Vamos a **tirar** las frutas que no sirven.

Tu turno

Di la oración para cada palabra.
Luego, haz otra oración.

¡Conéctate! *Usa el glosario digital ilustrado.*

Sonido s de las letras c y z

La palabra **zapato** comienza con el sonido s y la letra *z*. Con esta letra y este sonido podemos formar las sílabas za, ze, zi, zo y zu.

La palabra **celeste** comienza con el sonido s y la letra *c*. Con esta letra y este sonido podemos formar las sílabas ce y ci.

Estas palabras tienen el sonido s y la letra *z* o *c*.

cepillo	**zeta**	**cena**
cine	**zorro**	**cima**
cereza	**azúcar**	**cebolla**

Tengo zapatos azules, celestes y con cintas.

Organizo mi calzado en cajas.

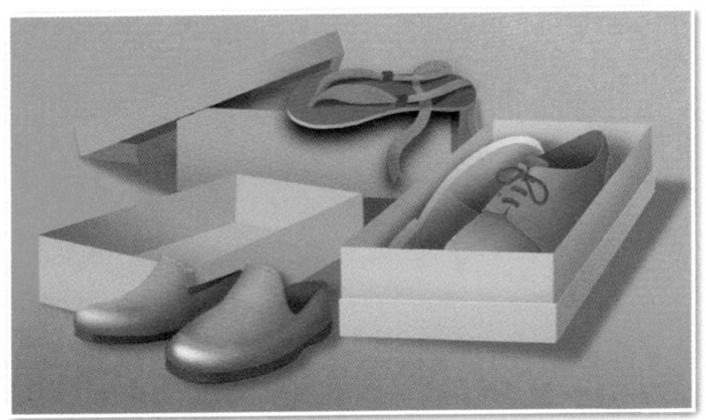

Tu turno

Busca estas palabras con el sonido s y la letra *c* o *z* en "¡A ordenar!".

Ceci	**decir**	**parece**
vez	**zambullirse**	**zapatos**
cinta	**azul**	**catorce**
movediza	**encesta**	**hace**

CCSS **Género** Ficción realista

Pregunta esencial

¿Cómo podemos clasificar y categorizar las cosas?

Lee sobre una niña que ordena su habitación.

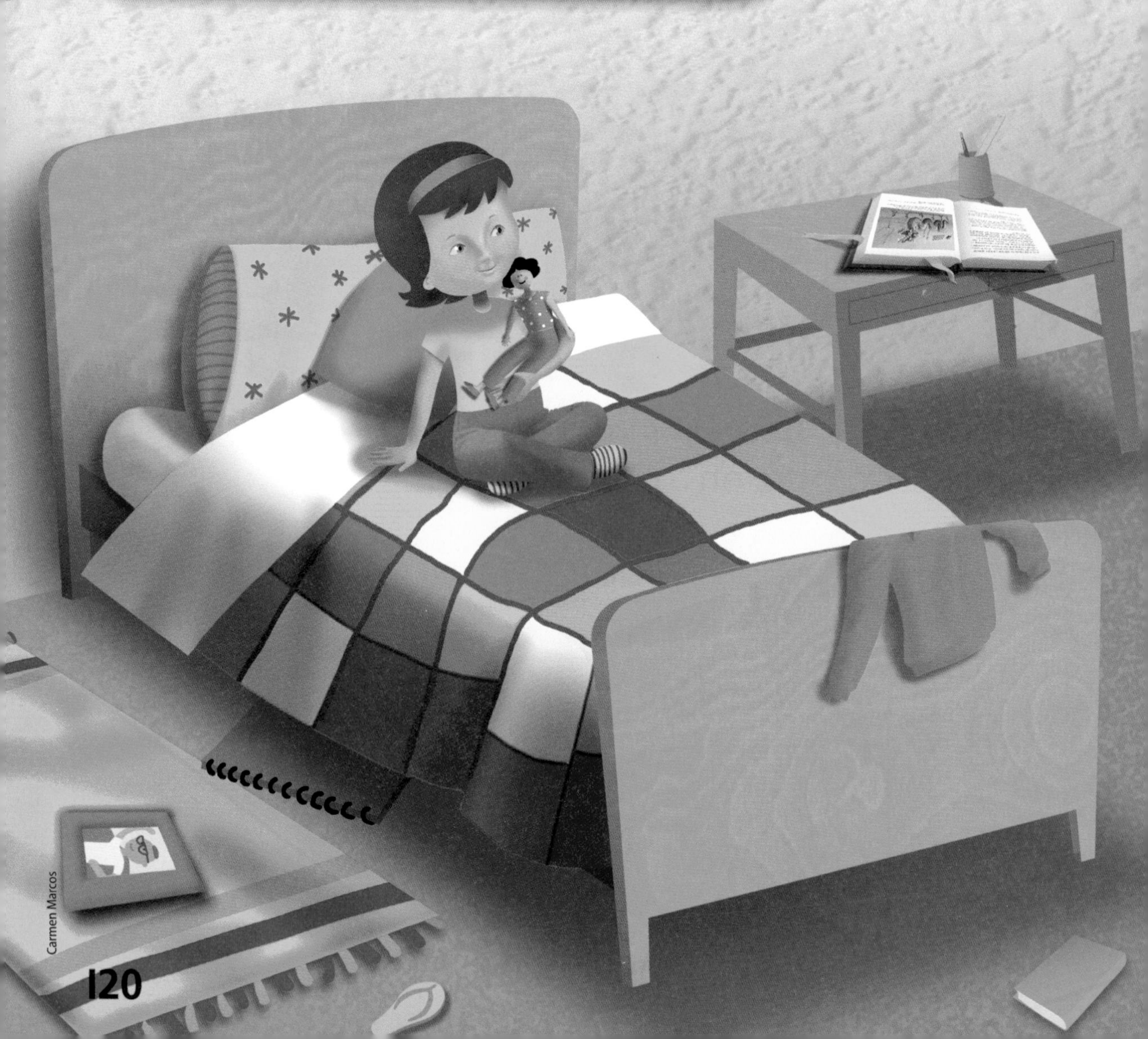

Carmen Marcos

¡A ordenar!

Matías Alvarado

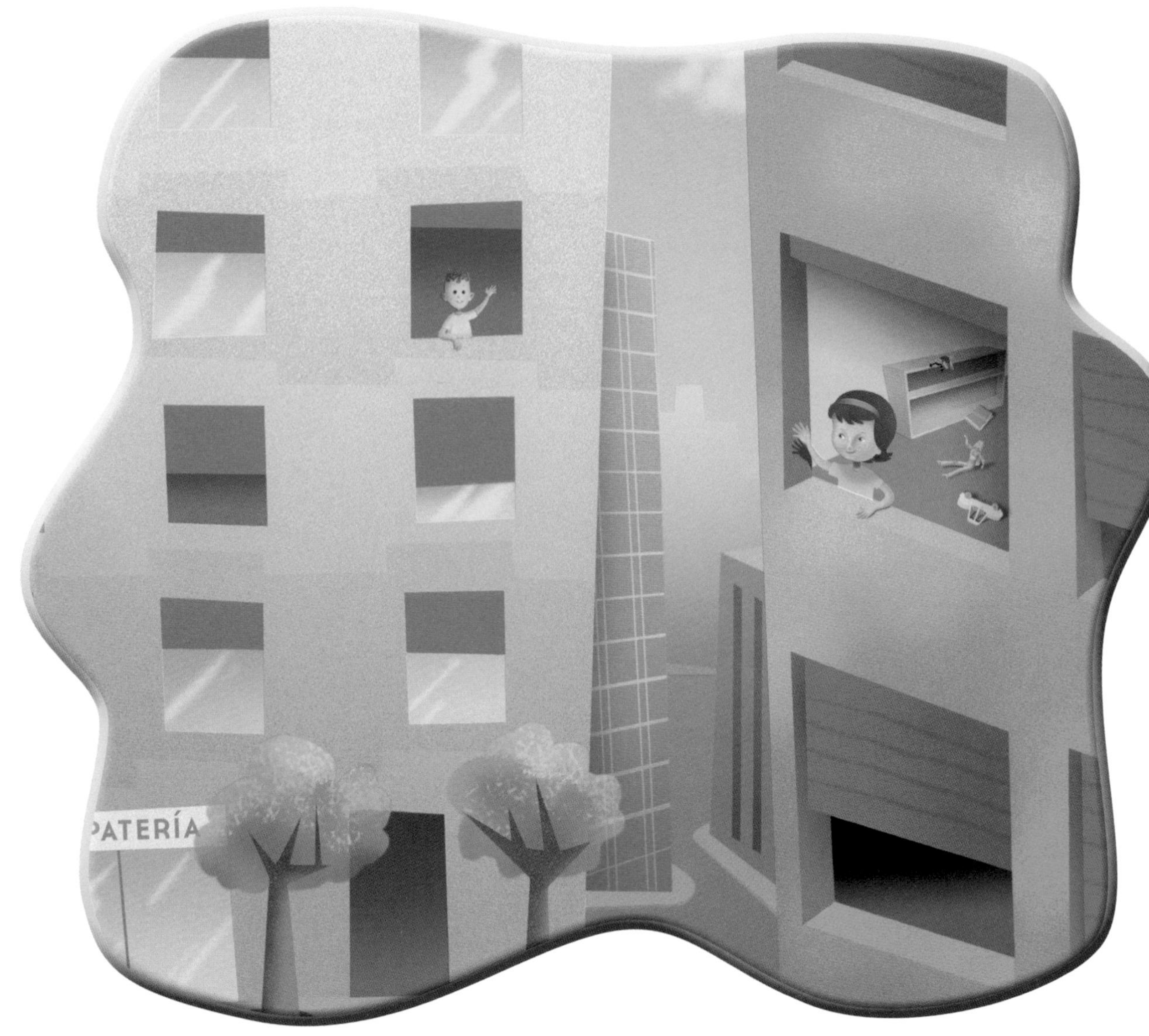

Ceci vive en una **ciudad** enorme, en un apartamento mediano y en una habitación muy pequeña.

Bueno, a decir verdad, la habitación está tan desordenada que parece pequeña.

Carmen Marcos

Cada vez que Ceci busca algo, debe zambullirse en una pila de juguetes, zapatos y bolitas de papel.

¡Una vez pasó **cuatro** horas buscando su cinta azul para el pelo! La encontró en la página catorce de su libro favorito.

Mamá se asoma por la puerta con un gesto de espanto, pero no se anima a poner un pie en la habitación. En el piso hay una pila de ropa que parece arena movediza. ¡Y teme quedar atrapada!

—¡Ponte a ordenar! —dice mamá—. ¡No es bueno ser desordenada!

Carmen Marcos

Ceci pone cara larga. De su boca sale una única **palabra** que rebota por las paredes:

—¡ABURRIDO!

—Sé que parece mucho trabajo, **pues** hay mucho desorden —dice mamá—. Pero ya verás como al final es mejor para ti.

Ceci no tiene ganas de ordenar. Protesta en voz baja: —Aburrido.

Entonces piensa: “Si tengo que ordenar, ¿por qué no lo hago de una **forma** divertida?” Toma un papelito, hace una bolita y… ¡lo encesta!

—¡Muy **bien**! —dice—. ¡Ordenar no es TAN aburrido!

Carmen Marcos

Claro que no puede hacer lo mismo con todo… ¡No puede **tirar** sus juguetes!

Entonces, ¿qué va a hacer con sus muñecas? Mira a su alrededor y ve que hay mucho lugar en los estantes. ¡Hasta hay lugar para otros juguetes!

Ceci pone sus cubos al lado de las muñecas. Busca sus libros y los pone en otro estante.

Al final, encuentra una sorpresa debajo de la cama… ¡una foto de su mamá de cuando era niña! ¡En una habitación desordenada!

Carmen Marcos

Ceci corre a buscar a mamá y le dice: —¡Mamá, mamá! ¡No es bueno ser desordenada!

Mamá le dice sonriendo: —Por algo eres mi hija. ¡Ya ves que somos **iguales**!

Haz conexiones

¿Cómo clasificas y ordenas las cosas de tu habitación?

Pregunta esencial

Punto de vista

El **punto de vista** es la manera en que siente o piensa un personaje de un cuento.

Lo que dice un personaje nos ayuda a comprender su punto de vista.

Busca evidencias en el texto

Busca palabras que te indiquen el punto de vista de alguno de los personajes.

página 125

Ceci pone cara larga. De su boca sale una única **palabra** que rebota por las paredes: —¡ABURRIDO!

Personaje	Pista	Punto de vista
Ceci	Dice que es aburrido ordenar.	No le gusta ordenar.
Mamá	Dice que no es bueno ser desordenada.	Quiere que su hija ordene.

COLABORA

Tu turno

Comenta los diferentes puntos de vista en "¡A ordenar!".

¡Conéctate! *Usa el organizador gráfico interactivo.*

Escritura y gramática

De lectores...

Fluidez de la oración Ciro usó oraciones completas para escribir sus instrucciones.

Instrucciones de Ciro

Encontrémonos en el correo: Tú caminas por Av. Sur desde el mercado. Yo camino desde la zapatería.

COLABORA

Tu turno

- Explica por qué las oraciones de Ciro están completas.
- ¿Qué instrucciones darías tú?

Carmen Marcos

a escritores

El pronombre personal Los **pronombres personales** son: **yo, tú, él, ella, nosotros, nosotras, ustedes, ellos, ellas, mí** y **ti**.

Yo camino desde
la zapatería.

Tu turno

- Subraya otro pronombre personal en las instrucciones de Ciro.
- Señala el punto y seguido, y el punto y aparte.
- Escribe otras oraciones con pronombres personales.

Concepto semanal Arriba en el cielo

Pregunta esencial

¿Qué se ve en el cielo?

¡Conéctate!

Coméntalo

¿Qué mira esta niña
en el cielo nocturno?

(bkgd) StockTrek/Getty Images; Image Source/Getty Images

La noche y el día

Palabras para aprender

CCSS

ofrece

Mari le **ofrece** un paraguas a Juana.

otro

La rana salta de un lugar a **otro**.

piensa

Ella **piensa** cuál es la respuesta.

podrás

No **podrás** ver bien con esta niebla.

pregunta

La niña **pregunta** qué hay de comer.

quiere

El gatito **quiere** subir.

enfurruñado

El niño está **enfurruñado**.

exacto

Cada pieza tiene un lugar **exacto**.

Tu turno

Di la oración para cada palabra. Luego, haz otra oración.

¡Conéctate! *Usa el glosario digital ilustrado.*

Sonidos ai, au, ei, eu, oi

Cuando se pronuncia el sonido de una vocal fuerte (a, e, o) y una vocal débil (u, i) en una misma sílaba, se forma un diptongo. En la palabra **peine** los sonidos de las vocales **e** e **i** están en la misma sílaba. La palabra **peine** tiene el diptongo ei. Otros diptongos son ai, au, ay, eu, ey, oi, oy.

Estas palabras tienen diptongo.

paisaje	**autor**	**hay**
reina	**reunidos**	**rey**
oigo	**voy**	**aceite**

María Paz Silva

Augusto se despertó hace veinte minutos.

¡Hoy hay una auténtica tormenta!

Tu turno

Busca estas palabras con diptongo en "Noches de luna".

hay	**rey**	**boina**
reina	**baila**	**bailar**
soy	**aunque**	**oigo**
doy	**voy**	

Lisa Hunt

CCSS **Género** Fantasía

Pregunta esencial

¿Qué se ve en el cielo?

Lee acerca de cómo unos amigos imaginan la Luna.

¡Conéctate!

María Paz Silva

Noches de luna

Benjamín Rossi

—Veo, veo —dice el ratoncito.

—¿Qué ves? —**pregunta** el gato.

—Algo maravilloso, redondo y blanco.

—¿Qué es?

—Una luna de queso oloroso y blando.

—¿Y cómo es?

María Paz Silva

En la Luna hay montañas de queso, mares de leche y nubes de crema. El rey usa boina en lugar de corona. ¡**Piensa** que es muy elegante! Cada noche da un banquete y **ofrece** quesitos a sus invitados.

—Veo, veo —dice el gato.

—¿Qué ves? —pregunta el perro.

—Algo maravilloso, redondo y blanco.

—¿Qué es?

—Una luna de hilo ovillado.

—¿Y cómo es?

María Paz Silva

En la Luna hay ríos de lana azulada, campos de hilo y nubes de algodón. Todas las noches, la reina baila en su castillo. ¡Pero el rey no **quiere** bailar! Se sienta en un rincón, **enfurruñado**, hasta que la reina le da un beso en la nariz. ¡Y el rey salta de contento!

—Veo, veo —dice el perro.

—¿Qué ves? —pregunta el ratoncito.

—Algo maravilloso, redondo y blanco.

—¿Qué es?

—Una luna que rebota como una pelota.

—¿Y cómo es?

María Paz Silva

En la Luna hay un montón de cosas divertidas. Si vas de visita, **podrás** ver un parque lleno de huesos para enterrar. Y un bosque lleno de palitos. ¡Y pelotas y juguetes de hule por todas partes!

—Veo, veo —dice una voz desconocida.

—¿Quién es? —preguntan los tres.

—Algo maravilloso, redondo y blanco.

—¿Qué es?

—¡Soy la Luna! Esperaba el momento **exacto** para interrumpir, aunque hace un rato que los oigo conversar.

—¡Hola, Luna! ¿Y cómo eres en verdad?

María Paz Silva

—Soy lo que ven. ¡Y soy lo que imaginan! Pelota redonda, redondo ovillo y redondo queso. Doy luz por la noche y vigilo los sueños. Pero ya es tarde. Veo el Sol a lo lejos. ¡Rodando y rodando me voy para **otro** cielo!

Haz conexiones

¿Cómo imagina cada personaje que es la Luna?

Pregunta esencial

Causa y efecto

Una **causa** es lo que hace que algo suceda en un cuento.

El **efecto** es lo que sucede.

Para saber cuáles son las **causas** y **efectos** de una historia pregúntate: ¿Qué pasó? ¿Por qué pasó?

Busca evidencias en el texto

Busca una causa y su efecto en el cuento.

página 145

¡Pero el rey no **quiere** bailar! Se sienta en un rincón, **enfurruñado**, hasta que la reina le da un beso en la nariz. ¡Y el rey salta de contento!

Causa	Efecto
La reina le da un beso en la nariz al rey.	El rey se pone contento.
La Luna ve que el Sol está saliendo.	Se va rodando para otro cielo.

Tu turno

Conversa sobre las causas y efectos en "Noches de luna".

¡Conéctate! *Usa el organizador gráfico interactivo.*

Escritura y gramática

De lectores...

Selección de palabras Laura describió un lugar. Ella usó muchos adjetivos.

Descripción de Laura

¡Yo adoro mi escuela! Es pequeña, limpia, moderna y colorida. ¡Para mí es la mejor! ¿Y a ti te gusta tu escuela?

Tu turno

Di qué adjetivos usó Laura en su descripción.

Di qué adjetivos usarás en tu descripción.

María Paz Silva

a escritores

Pronombres personales **Yo, mí, tú** y **ti** son **pronombres personales.**

¡Para **mí** es la mejor! ¿Y a **ti** te gusta tu escuela?

Tu turno

- Subraya otros pronombres personales en la descripción de Laura.
- Busca una serie. Subraya las comas.
- Escribe otras oraciones con pronombres personales.

Concepto semanal
Grandes invenciones

Pregunta esencial
¿Qué inventos conoces?

¡Conéctate!

COLABORA

Coméntalo
¿Cómo se usa este invento?

Una nueva idea

CCSS

Palabras para aprender

cualquier

Estos focos alumbran **cualquier** lugar.

doctor

El niño juega a ser **doctor**.

maestro

El **maestro** nos enseña a leer.

nuestro

Este es **nuestro** paraguas.

propio

El niño inventa su **propio** juego.

través

El niño mira a **través** de la ventana.

inusuales

Con esta bici se hacen piruetas **inusuales**.

prever

Esta persona se dedica a **prever** el tiempo.

Tu turno

Di la oración para cada palabra. Luego, haz otra oración.

¡Conéctate! Usa el glosario digital ilustrado.

Sonidos ia, ie, io, iu, ua, ue, ui

Cuando se pronuncia el sonido de una vocal fuerte (a, e, o) y una vocal débil (i, u) en una misma sílaba, se forma un diptongo. En la palabra **pie** los sonidos de las vocales **i** y **e** están en la misma sílaba. La palabra **pie** tiene el diptongo ie. Otros diptongos son ia, io, iu, ua, ue, ui, uy.

Estas palabras tienen diptongo.

piano	**hielo**	**camión**
ciudad	**cuaderno**	**cuento**
ruido	**muy**	**tierra**

Juana estudió los cambios del agua.

Mostró su trabajo en la Feria de Ciencias de la escuela.

Tu turno

Busca estas palabras con diptongo en "Historia de un inventor de robots".

historia	**historietas**
decidió	**estudiar**
movimientos	**cuerda**
competencias	**corrió**

CCSS **Género** Biografía

Pregunta esencial

¿Qué inventos conoces?

Lee acerca de alguien que inventa robots.

¡Conéctate!

Historia de un inventor de robots

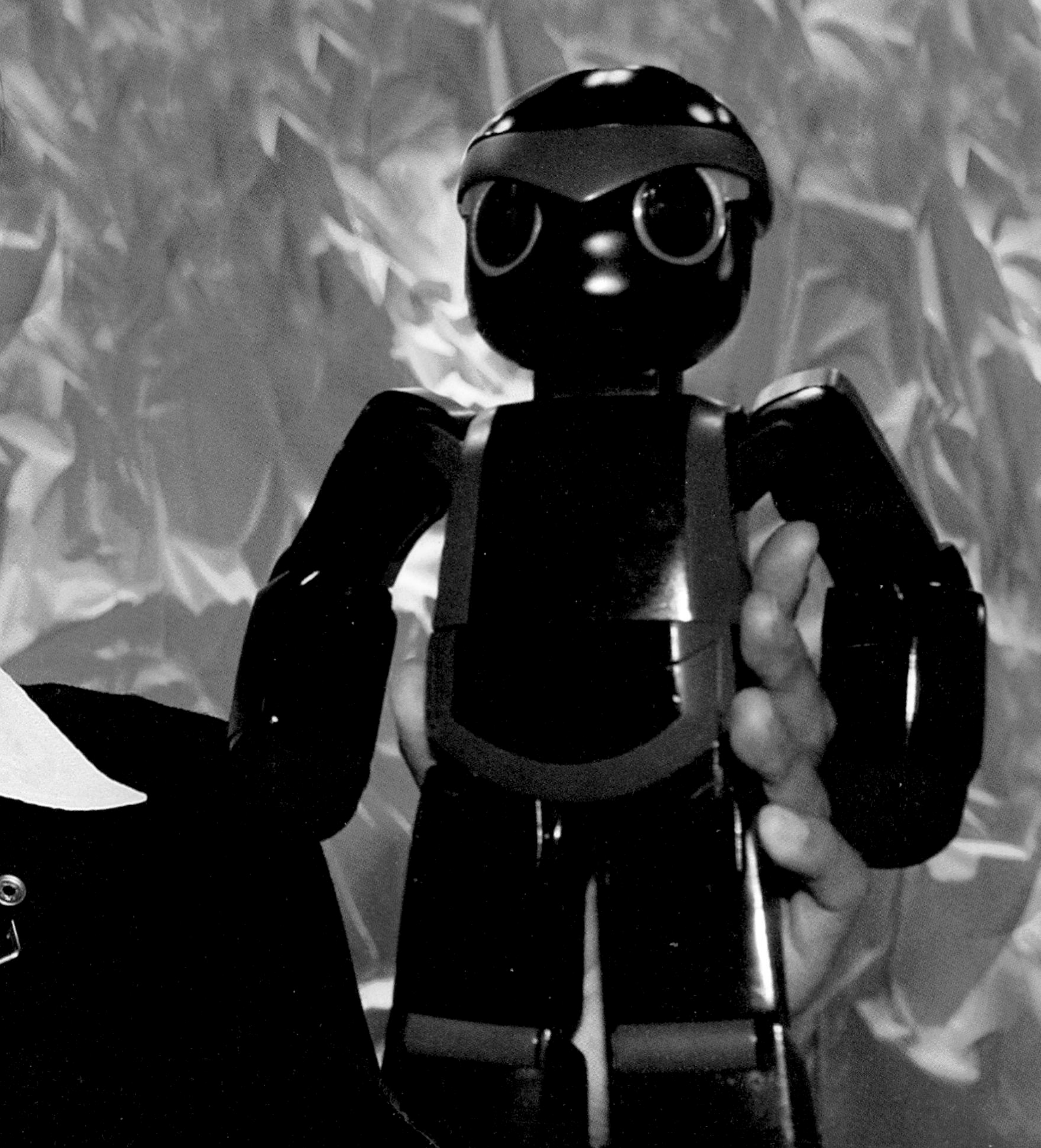

Junko Kimura/Getty Images News/Getty Images

Ideas inusuales

Tomotaka Takahashi hace robots realmente **inusuales**. ¿Cómo comenzó con eso?

El señor Takahashi nació en Japón en 1975. De pequeño, jugaba como **cualquier** niño. Pasaba horas armando figuras con bloques de diferentes formas y colores.

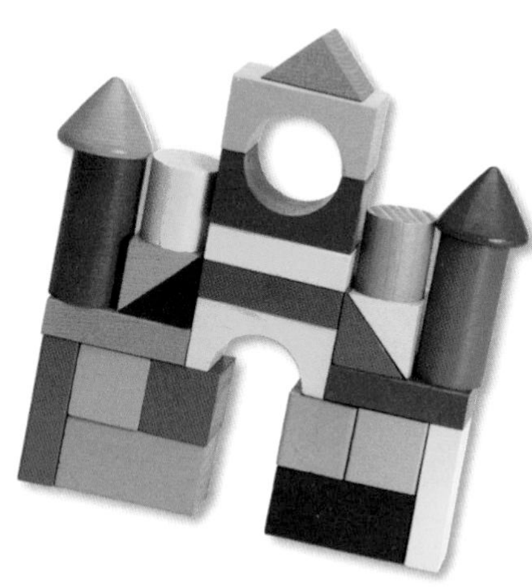

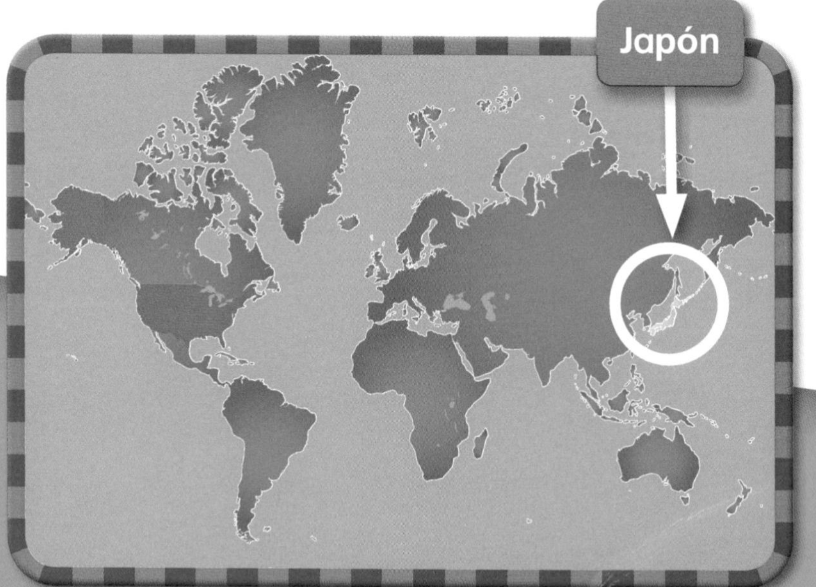

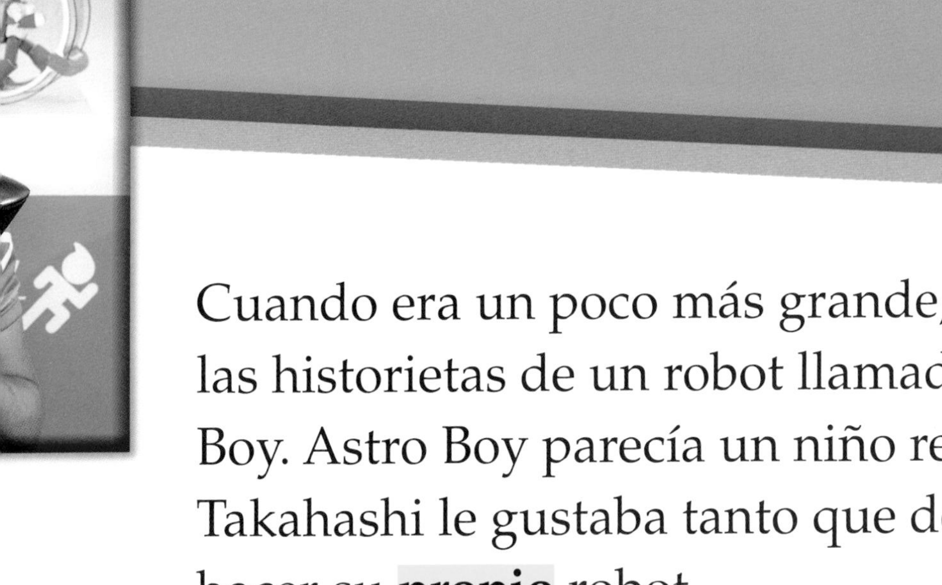

Cuando era un poco más grande, leía las historietas de un robot llamado Astro Boy. Astro Boy parecía un niño real. A Takahashi le gustaba tanto que decidió hacer su **propio** robot.

ASTRO BOY™

Photos 12/Alamy

Investigando los robots

En 1999, Takahashi comenzó a estudiar los movimientos de los robots. La mayoría de los robots con forma humana caminaban de manera poco natural. ¡Sus movimientos no eran nada parecidos a los de **nuestro** cuerpo!

Takahashi tuvo una idea. Hizo un robot que caminaba de manera más natural. Se movía como una persona.

Koichi Kamoshida/Getty Images News/Getty Images

Yoshikazu Tsuno/AFP/Getty Images

Mejores robots

En 2003, Takahashi creó su propia compañía de robots. Hizo muchísimos. Hizo un robotito que trepaba un paredón con una cuerda. Otro, más grande, que podía levantar un carro con los brazos. ¡Y otro que anduvo en bici por 24 horas!

Franck Robichon/EPA/Newscom

Los robots de Takahashi también participaron en competencias. En 2011, diseñó tres robots para una carrera en Hawái. Uno debía nadar, otro debía andar en bici y otro debía correr… ¡durante una semana!

Toru Yamanaka/AFP/Getty Images

Toru Yamanaka/AFP/Getty Images

Takahashi tuvo que resolver algunos problemas. El robot que nadaba era resistente al agua. Le hizo brazos con forma de aletas para que nadara más rápido. Otro robot podía andar en bicicleta 100 millas sin detenerse. ¡Y el tercer robot corrió 26 millas!

Es difícil **prever** qué inventará Takahashi en el futuro. ¿Un robot que vuele como Astro Boy? ¿Un robot **maestro**, un robot **doctor**...?

Seguramente, Takahashi seguirá expresándose a **través** de sus robots. ¡Y estos serán cada vez más avanzados!

Kyodo via AP Images

Haz conexiones

¿Qué tipo de robot te gustaría inventar? **Pregunta esencial**

Problema y solución

Un **problema** es algo que una persona quiere modificar o resolver. La manera en que se resuelve ese problema es la **solución**.

Busca evidencias en el texto

Busca uno de los problemas que se le presentaron al señor Takahashi cuando diseñó los robots para la carrera.

página 167

En 2011, diseñó tres robots para una carrera en Hawái. Uno debía nadar, otro debía andar en bici y otro debía correr… ¡durante una semana!

Problema

Takahashi quería hacer un robot para una carrera. El robot debía nadar.

Pasos para la solución

Hizo un robot resistente al agua y con brazos en forma de aletas.

Solución

Takahashi hizo un robot preparado para nadar.

Tu turno

Comenta otros problemas que tuvo el inventor de "Historia de un inventor de robots" y las soluciones que encontró.

¡Conéctate! *Usa el organizador gráfico interactivo.*

De lectores...

Selección de palabras Diego usó palabras de orden cronológico para hablar de un baile que inventó.

Narración personal de Diego

Inventé un baile bonito. Primero, elegí la música. Después, hice pasos, giros y un final genial. ¡Podría bailar en la tele!

COLABORA

Tu turno

Di qué palabras de orden cronológico usó Diego en su narración personal. ¿Qué palabras usarás tú?

a escritores

El adjetivo Los **adjetivos** son palabras que describen a los sustantivos. Por ejemplo: flor **violeta**, niña **alta**, cama **suave**, luz **fuerte**.

Inventé un baile **bonito.**

Tu turno

- Subraya otros adjetivos en la narración de Diego.
- Busca una serie. Subraya las comas.
- Escribe otras oraciones usando adjetivos.

Olga and Aleksey Ivanov

Concepto semanal Los sonidos nos rodean

¿Qué sonidos escuchas? ¿De dónde vienen?

¡Conéctate!

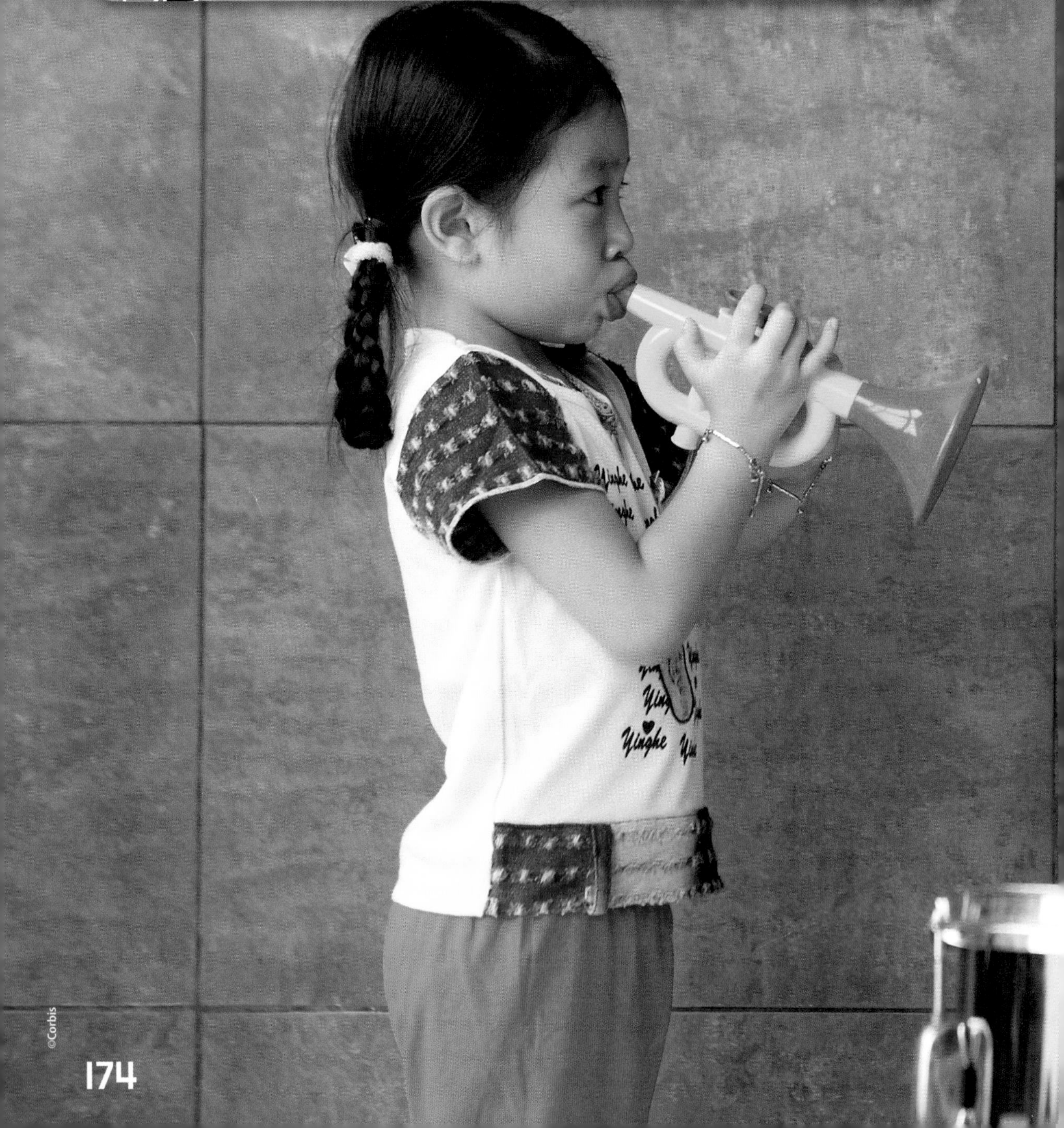

¡Escuchen!
COLABORA
Coméntalo
¿Qué hacen
estos niños para
producir sonidos?

CCSS Palabras para aprender

camino

La cabra sube por un **camino** de piedras.

durante

Durante la noche hubo una tormenta.

larga

Esta flauta es muy **larga**.

manera

Toda la banda se viste de la misma **manera**.

todavía

Todavía estoy aprendiendo a silbar.

todo

El pájaro canta **todo** el día.

gracioso

La niña escucha algo **gracioso**.

nuevamente

Tocará la canción **nuevamente**.

Di la oración para cada palabra. Luego, haz otra oración.

¡Conéctate! *Usa el glosario digital ilustrado.*

(t to b, l to r) Bruce & Jan Lichtenberger/SuperStock; NOAA Photo Library, NOAA Central Library; OAR/ERL/National Severe Storms Laboratory (NSSL); Digital Vision/Alamy; Gary Conner/Photolibrary/Getty Images; BLOOMimage/Getty Images; david tipling/Alamy; Nancy R. Cohen/PhotoDisc/Getty Images; Asia Images Group/AsiaPix RF/Getty Images

Sonido tr

La palabra **tren** comienza con el sonido tr.

Con este sonido podemos formar las sílabas tra, tre, tri, tro, tru.

Estas palabras tienen el sonido tr.

trabajo	**trípode**	**patrulla**
otro	**truco**	**letrero**
postre	**atraso**	**tripa**

Gabriela Granados

Patri leía tranquilo sobre un tronco.

De repente, un tremendo trueno tronó en el cielo.

Tu turno

Busca estas palabras con el sonido tr en "Un día especial".

treinta	**triste**	**atrás**
dentro	**encuentro**	**entra**
tratarse	**mientras**	**otra**
nuestro	**travesuras**	**trampa**

Género Ficción realista

Pregunta esencial

¿Qué sonidos escuchas? ¿De dónde vienen?

Lee sobre el misterioso ruido que oye Trini el día de su cumpleaños.

¡Conéctate!

Gabriela Granados

Un día especial

Ema Noelle

Hoy es treinta de marzo. ¡Es un día muy especial para mí, porque hoy cumplo siete años! Pero estoy triste, porque en mi familia parece que nadie se acuerda de mi cumpleaños. Ya estamos todos despiertos y **todavía** nadie me ha dicho "¡Feliz cumpleaños, Trini!".

Gabriela Granados

De repente, se oye un ruido: *¡trin, trin, trin!* ¿Qué será? Quizás hay algo atrás de mi cama… O dentro del armario… Pero no. ¡No encuentro nada!

Pensemos… El ruido entra por la puerta. Debe tratarse de algo que hay en la cocina. ¡En **camino**!

—Hola, papá. ¿Qué estás haciendo?

—Estoy lavando **todo**.

—¡Te ayudaré!

Mientras guardo los platos, busco pistas. ¡Nada! Solo se oye el *pif pif pif* de mi papá lavando. ¡Mi papá se olvidó de mi cumpleaños!

Gabriela Granados

De repente… ¡otra vez el *trin trin trin!* ¡Qué raro! El ruido entra por la ventana, así que debe ser algo que hay en el patio. ¡Vamos! ¡De alguna **manera** voy a resolver este misterio!

—Hola, Tomi. ¿Qué estás haciendo?

—¡Estoy mejorando mi estilo! ¡Mira! —dice Tomi. Luego, bota la pelota con un *blam blam blam,* se aleja y lanza—. ¡Una canasta perfecta!

—¡Jugaré contigo!

Gabriela Granados

Tomi y yo jugamos **durante** un rato, pero no me dice "¡Feliz cumpleaños!". ¿También se olvidó?

De repente, escucho **nuevamente** ese ruido misterioso. ¿Qué será ese *trin trin trin?* Quizás nuestro gato está haciendo travesuras… A ver…

Voy al jardín y ¡todos están allí!
Hay una **larga** guirnalda que dice
"FELIZ CUMPLEAÑOS".

—¡SORPRESA! —dicen todos.

—¡Oh! ¡Qué **gracioso**!

Gabriela Granados

—¡Caíste en la trampa! ¡Feliz cumpleaños, Trini! —dice mamá—. Aquí está tu regalo.

—¡Una bicicleta! ¡Me encanta! ¡Es el mejor cumpleaños del mundo!

Haz conexiones

¿Qué sonidos escuchas en el salón de clases? ¿De dónde vienen?

Pregunta esencial

Problema y solución

Un **problema** es algo que los personajes quieren hacer, descubrir o cambiar. La manera en que se resuelve el problema es la **solución**.

Busca evidencias en el texto

Busca un problema que un personaje del cuento debe solucionar.

página 183

De repente, se oye un ruido: *¡trin, trin, trin!* ¿Qué será? Quizás hay algo atrás de mi cama… O dentro del armario… Pero no. ¡No encuentro nada!

Leer juntos

Problema

Trini oye un ruido extraño y no sabe de dónde viene.

Pasos para la solución

Va a ver si viene de la cocina.

Va a ver si viene del patio.

Va a ver si es el gato en el jardín.

Solución

Descubre que el sonido era el timbre de su bicicleta nueva.

Tu turno

Conversa sobre el problema y la solución de "Un día especial".

¡Conéctate! *Usa el organizador gráfico interactivo.*

Escritura y gramática

De lectores...

Fluidez de la oración Tristán escribió oraciones completas para expresar su opinión.

Opinión de Tristán

El cuento es divertido. Trini escucha un ruido: *trin, trin, trin.* Ella quiere saber qué es. Ella descubre la sorpresa al final. ¡Me encanta!

Tu turno

- Explica por qué las oraciones de Tristán están completas.
- ¿Sobre qué cuento darás tu opinión?

Gabriela Granados

a escritores

Concordancia entre pronombre y verbo El **pronombre** debe concordar en número y persona con el **verbo.**

Ella descubre la sorpresa al final.

TRIN TRIN TRIN

Tu turno

- Subraya los pronombres y los verbos con los que concuerdan en las oraciones de Tristán.
- Encierra en un círculo la onomatopeya.
- Escribe otras oraciones usando pronombres y verbos que concuerden.

Huntstock/Getty Images

¡Y así se forma!

Coméntalo

¿Qué construye este carpintero?
¿Cómo lo hace?

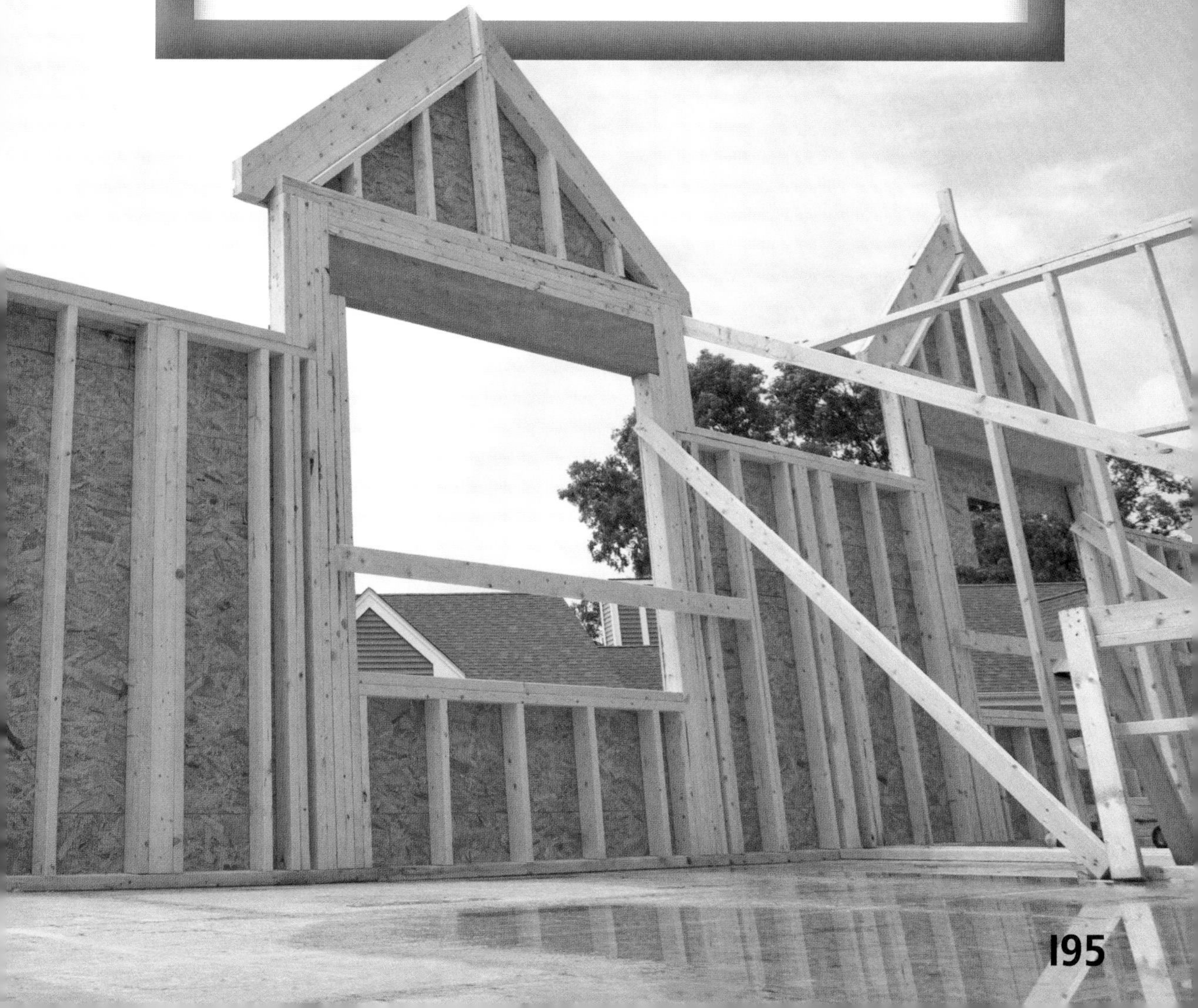

CCSS Palabras para aprender

frente

Ella repara el **frente** de su maqueta.

importante

Es **importante** ahorrar para el futuro.

lograr

Es difícil **lograr** que los bloques no se caigan.

obra

Hay dos grúas en esta **obra** en construcción.

próximo

¡Volveremos a esta playa el año **próximo**!

pueblo

Mis primos viven en un **pueblo** en la montaña.

equilibrio

Este hombre tiene buen **equilibrio**.

secciones

Esta cerca tendrá muchas **secciones**.

Tu turno

Di la oración para cada palabra. Luego, haz otra oración.

¡Conéctate! *Usa el glosario digital ilustrado.*

Sonido u en güe, güi

Para que se pronuncie el sonido u en las sílabas güe, güi, se ponen dos puntos sobre la letra *u*. A estos dos puntos se les llama diéresis. En las sílabas gue, gui, la *u* no tiene diéresis, y por eso no se pronuncia el sonido u.

En la palabra **pingüino** sí se pronuncia el sonido u.

Estas palabras tienen el sonido u en güe, güi.

cigüeña	**paragüitas**	**antigüedad**
desagüe	**agüita**	**vergüenza**
yegüita	**lengüita**	**bilingüe**

Santi vio muchos pingüinos en el zoológico.

También vio cigüeñas jugando en el agüita.

Tu turno

Busca estas palabras con el sonido u en güe, güi en "Cómo se hace un barco".

antigüedad **averigüémoslo**

pingüinos

CCSS Género No ficción
TIME FOR KIDS®
Pregunta esencial
¿Cómo se construyen las cosas?
Lee acerca de los pasos que se dan para construir un barco.
¡Conéctate!

Cómo se hace un barco

Los barcos han servido desde la antigüedad para que las personas viajen por el mundo o trasladen sus cosas. ¿Cómo se hace un barco? ¡Averigüémoslo!

Esta **obra** en construcción es un barco. Para hacerlo se necesitan muchos obreros y muchas piezas y herramientas. Veamos cómo se construye, paso a paso.

Estas personas estudian los planos del barco. ¡Hay mucho que hacer!

Un gran armazón

Primero, se construye un armazón. Los obreros deben **lograr** que el armazón esté en **equilibrio**. Por eso lo apoyan en grandes bloques. Con las grúas levantan y mueven pesadas piezas de acero. ¡Deben tener mucho cuidado para no lastimarse!

Estas grúas pueden levantar 1,500 toneladas a una altura de 230 pies.

Planchas de acero

Primero, se funden dos tipos de metales para formar acero. Para hacer planchas, se vierte el acero en un molde mientras está caliente. Al enfriarse, el acero se endurece. Es entonces cuando las planchas de acero están listas para el barco.

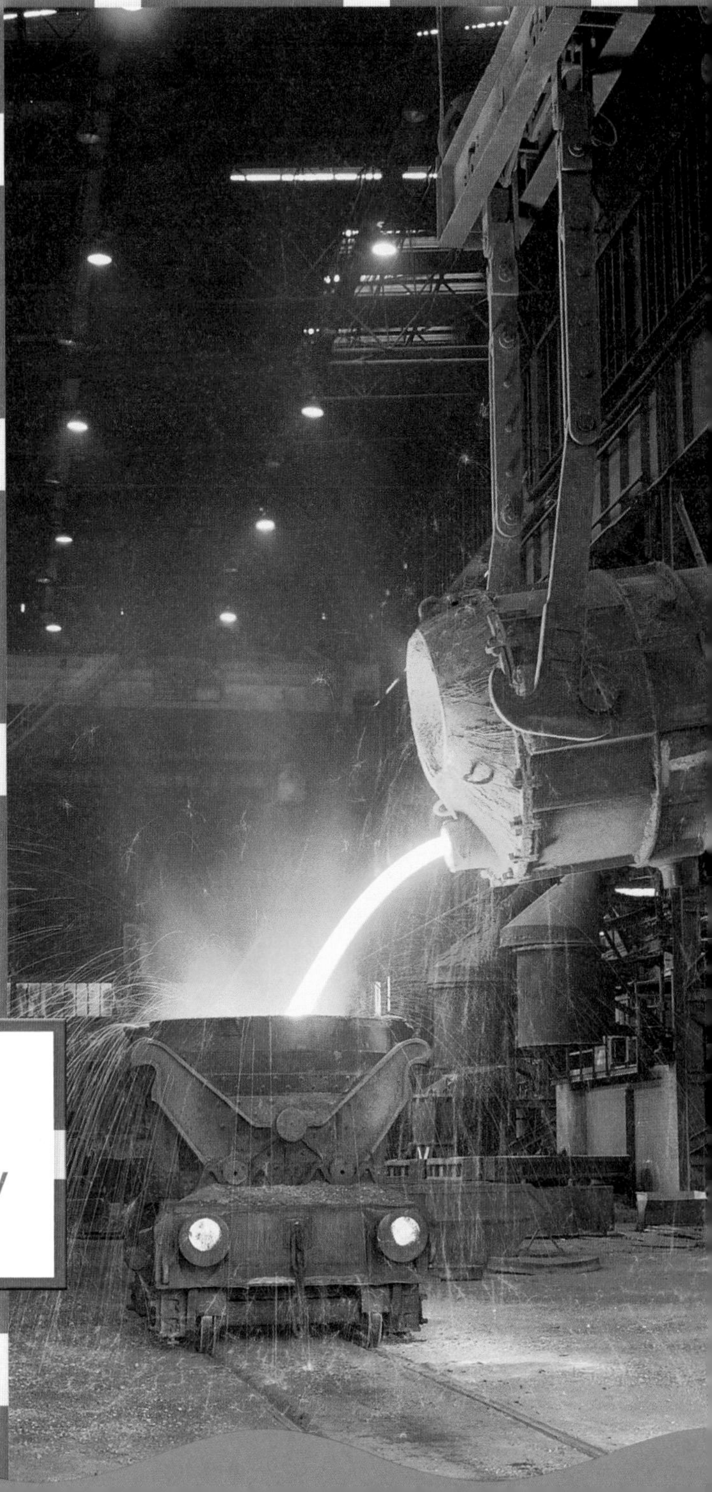

¡Mantén la distancia! El acero está muy caliente.

Los obreros unen los bordes de las planchas con una máquina soldadora. Usan guantes y cascos para protegerse las manos y la cabeza.

enviromantic/Vetta/Getty Images

Revisar y pintar

Los obreros verifican que las uniones estén bien selladas en el **frente** y en los costados del barco. Es muy **importante** cerrar bien todos los agujeros. No debe entrar ni la más mínima gota de agua… ¡El barco podría hundirse!

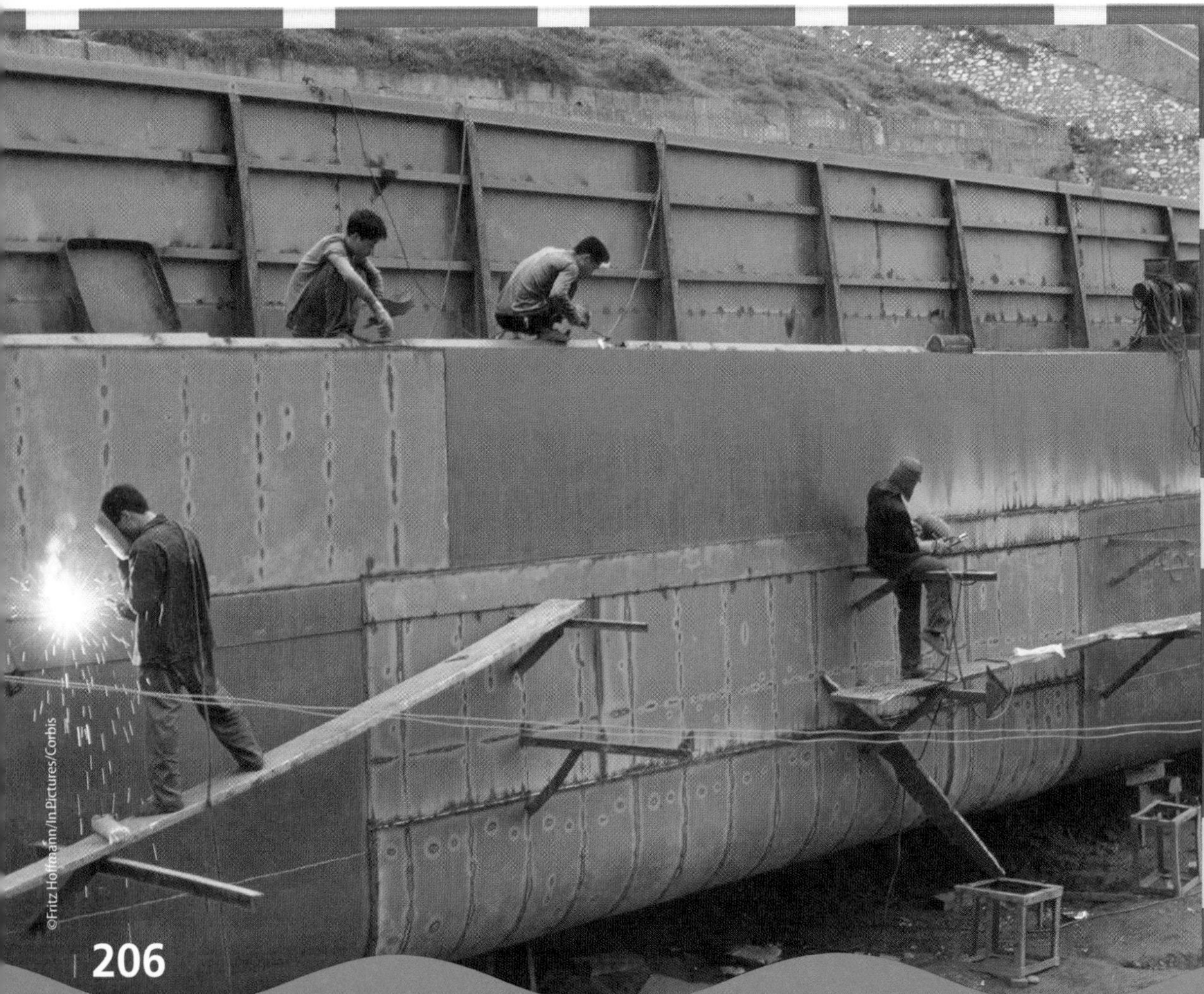

Al final, se pintan todas las **secciones** del barco… ¡y el barco está terminado! Su **próximo** destino podría ser un pequeño **pueblo** o una gran ciudad…

¡Al mar!

Desde el barco, la gente se despide y parte a su primera travesía. En su viaje al sur, verán ballenas y pingüinos. Desde el puerto la gente también despide el barco con mucha alegría. ¡Buena suerte!

Getty Images

¿Lo sabías?

Hay muchos tipos de barcos en el mar.

Rompehielos ▼

Portaaviones ▼

Carguero ▼

Haz conexiones

¿Qué pasos son peligrosos cuando se construye un barco? **Pregunta esencial**

Causa y efecto

Una **causa** es el motivo por el que sucede algo. Un **efecto** es lo que sucede.

Busca evidencias en el texto

Busca la causa de que el acero se endurezca.

página 204

Primero, se funden dos tipos de metales para formar acero. Para hacer planchas, se vierte el acero en un molde mientras está caliente. Al enfriarse, el acero se endurece.

Causa	Efecto
El acero se enfría.	El acero se endurece.
Los obreros usan guantes y cascos.	Los obreros están protegidos.
Hay agujeros.	El agua entra en el barco y puede hundirse.

Tu turno

Comenta algunas causas y efectos de "Cómo se hace un barco".

¡Conéctate! *Usa el organizador gráfico interactivo.*

Organización Paloma escribió un informe con una conclusión.

Informe de Paloma

La nieve es fría y blanca. Con ella hacemos cosas divertidas: bolas grandes, castillos blancos y muñecos divertidos.

¡La nieve es genial!

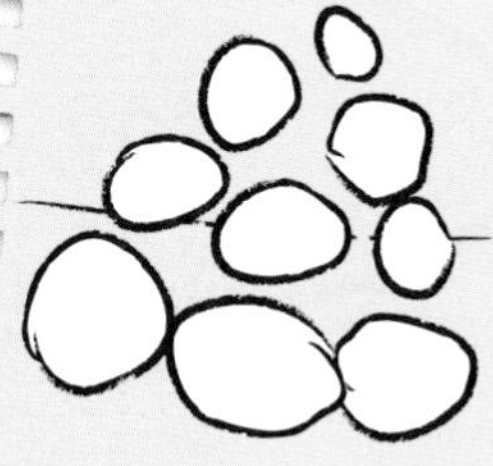

Tu turno

Comenta la conclusión de Paloma.

a escritores

Adjetivos calificativos Los **adjetivos calificativos** son palabras que describen al sustantivo.

La nieve es **fría** y **blanca**.

Tu turno

- Subraya otros adjetivos calificativos en el informe de Paloma.
- Encierra en un círculo los dos puntos.
- Escribe otras oraciones que tengan adjetivos calificativos.

Laura Arias

Unidad 6

¡Juntos podemos!

LWA/Photographer's Choice/Getty Images

Dame la mano

Dame la mano y danzaremos;
dame la mano y me amarás.
Como una sola flor seremos,
como una flor, y nada más…

El mismo verso cantaremos,
al mismo paso bailarás.
Como una espiga ondularemos,
como una espiga, y nada más.

Te llamas Rosa y yo Esperanza,
pero tu nombre olvidarás,
porque seremos una danza
en la colina, y nada más…

Gabriela Mistral

La gran idea

¿Cómo nos ayuda el trabajo en equipo?

Concepto semanal Ponerse en acción

Pregunta esencial

¿Cómo podemos trabajar juntos para mejorar nuestras vidas?

¡Conéctate!

¡Tú puedes hacerlo!

COLABORA

Coméntalo

¿En qué trabajan juntas estas personas?

Palabras para aprender

abrir

El abuelo acaba de **abrir** la puerta.

aceptar

¡Claro que quiero **aceptar** el paquete!

actividad

En esta ciudad hay mucha **actividad**.

cuanto

Cuanto más estudia, más aprende.

explicar

La niña quiere **explicar** lo que sabe.

Leer juntos

varios

Los niños llevaron **varios** tipos de comida.

emergencia

Los bomberos acuden en una **emergencia**.

exigir

La gente puede **exigir** cosas al gobierno.

(t to b, l to r) Huntstock/Getty Images; Getty Images/Image Source; Grant V Faint/Photodisc/Getty Images; Thomas Barwick/Photographer's Choice RF/Getty Images; Jose Luis Pelaez Inc./Image Source/Getty Images; Leland Bobbe/Digital Vision/Getty Images; ©Ocean/Corbis; fstop/Alamy

Tu turno

Lee la oración para cada palabra. Luego, haz otra oración.

¡Conéctate! Usa el glosario digital ilustrado.

Sonido bl

La palabra **bloque** comienza con el sonido bl. Con este sonido podemos formar las sílabas bla, ble, bli, blo, blu.

Estas palabras tienen el sonido bl.

tabla	**cable**	**público**
hablo	**blusa**	**blando**
amable	**niebla**	**blanco**

Pablo va a la biblioteca del pueblo.

Habla con Blanca, la amable bibliotecaria.

Tu turno

Busca estas palabras con el sonido bl en "Todo es posible con ganas".

posible **población**

pública **hablaba**

biblioteca

CCSS
Género Biografía
Pregunta esencial
¿Cómo podemos trabajar juntos para mejorar nuestras vidas?
Lee sobre la vida de un maestro muy especial.
¡Conéctate!
Julissa Mora

Todo es posible con ganas

Marina Vargas

En 1930, en una casita de la ciudad de La Paz, en Bolivia, nació Jaime Escalante.

Su mamá y su papá eran indígenas aymaras, como gran parte de la población de La Paz. Y eran maestros en su comunidad. Por eso, Jaime creció en una casa llena de libros. ¡Y le encantaba!

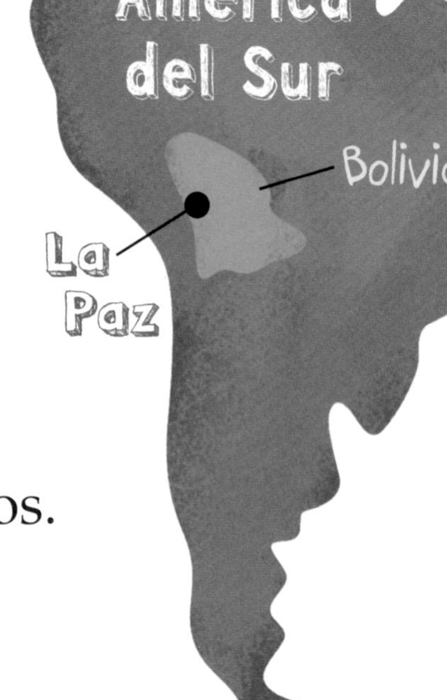

Julissa Mora

Pero lo que más le gustaba eran los números. ¡Hacer cuentas y resolver problemas le resultaba de lo más divertido!

Al terminar la escuela secundaria, decidió dedicarse a la misma **actividad** que sus padres. ¡Era la mejor manera de compartir su amor por los números con los demás!

Durante doce años, enseñó matemáticas en escuelas de su ciudad natal.

En 1964, con ganas de viajar, Jaime fue a estudiar ciencias y matemáticas a Puerto Rico. Un tiempo después, decidió conocer Estados Unidos, y por eso se mudó a California.

En **cuanto** llegó, comenzó a trabajar intensamente. De día tenía **varios** trabajos. De noche, estudiaba inglés, electrónica y matemáticas.

En 1976, obtuvo un título que le permitía dar clases en Estados Unidos. Comenzó a enseñar en Garfield, una escuela secundaria pública de Los Ángeles.

Debía **explicar** matemáticas a adolescentes con serios problemas de comportamiento. ¿Cómo les podía **exigir** que estudiaran? ¿Cómo les podía contagiar su pasión por los números?

Para los estudiantes era difícil **aceptar** que aprender… ¡podía ser divertido!

Pero Jaime les hablaba de una manera simple.

De a poco, les enseñó a pensar cosas cada vez más difíciles. En 1982 un grupo se animó a rendir el examen de cálculo. ¡Todos pasaron!

Las autoridades tuvieron una reunión de **emergencia**. ¡Creían que no era posible que todos pasaran! Pero los estudiantes hicieron el examen nuevamente. ¡Y pasaron!

Siguiendo ese ejemplo, más de 400 estudiantes en Garfield se prepararon para rendir todo tipo de exámenes avanzados. Jaime recibió muchos reconocimientos por inspirar a los estudiantes. Entre ellos, la medalla presidencial a la Excelencia en Educación, en 1988.

Julissa Mora

Su vida inspiró la famosa película *Con ganas de triunfar*. Esta película fue tan importante que desde 2011 forma parte de la colección de la Biblioteca del Congreso.

Siempre apuntando a **abrir** la puerta de la esperanza y el esfuerzo, Jaime Escalante nos enseñó que todos podemos aprender… y que todo es posible con ganas.

Haz conexiones

¿Qué influencia tuvo Jaime Escalante en la vida de sus estudiantes?

Pregunta esencial

Tema

El **tema** es la idea más importante de un texto.

Busca evidencias en el texto

Busca pistas que te ayuden a comprender el tema.

página 231

Siempre apuntando a **abrir** la puerta de la esperanza y el esfuerzo, Jaime Escalante nos enseñó que todos podemos aprender… y que todo es posible con ganas.

Julissa Mora

Pista

Jaime enseñaba matemáticas a jóvenes con problemas de comportamiento.

Pista

Jaime les enseñó a pensar cosas cada vez más complicadas.

Pista

En 1982, todos los estudiantes pasaron el examen de cálculo.

Tema

Todo es posible con ganas.

COLABORA

Tu turno

Comenta el tema de "Todo es posible con ganas".

¡Conéctate! *Usa el organizador gráfico interactivo.*

De lectores...

Fluidez de la oración Blanca combinó oraciones para escribir su cuento.

Cuento de Blanca

Pablo y el oso Blas limpiaron el bosque. El primer día, juntaron diez bolsas de basura. El segundo día, Blas hizo un cartel.

—¿Te gusta? —dijo Blas.

—¡Sí! —dijo Pablo.

Tu turno

Explica cómo combinó Blanca las oraciones.

a escritores

Adjetivos numerales Algunos adjetivos indican cantidades, como **uno** o **cien**. Otros indican orden, como **segundo** o **décimo**.

El **segundo** día,
Blas hizo
un cartel.

Tu turno

- Subraya los adjetivos numerales en el cuento de Blanca.
- Encierra en un círculo las rayas de diálogo.
- Escribe oraciones con adjetivos numerales.

Gynux

Concepto semanal Mi equipo

Pregunta esencial

¿Quién te ayuda?

¡Conéctate!

LWA/The Image Bank/Getty Images

Manos amigas

COLABORA

Coméntalo

¿Cómo ayuda la entrenadora a la niña?

CCSS Palabras para aprender

carácter

Mi amigo tiene muy buen **carácter**.

cumplir

¡Qué lindo es **cumplir** con nuestras tareas!

madre

Mi **madre** me enseña a jugar al fútbol.

padre

Mi **padre** me enseña a nadar.

presentar

Voy a **presentar** mi dibujo a la clase.

principio

Estamos leyendo el **principio** del cuento.

habitual

Es **habitual** que comamos juntos.

recibir

¡Me encanta **recibir** regalos!

Tu turno

Di la oración para cada palabra. Luego, haz otra oración.

¡Conéctate! *Usa el glosario digital ilustrado.*

Sonido br

La palabra **libro** tiene el sonido br.

Con este sonido podemos formar las sílabas bra, bre, bri, bro, bru.

Estas palabras tienen el sonido br.

obra	**brillo**	**abrigo**
brazo	**breve**	**libre**
sobre	**fábrica**	**sombra**

Silvia Álvarez Castellar

Brenda me ayuda con los regalos.

Los abrimos sobre la mesa y celebramos.

Tu turno

Busca estas palabras con el sonido br en "Mucha gente nos ayuda".

abre	brindar	sobre
brazo	hombro	palabras

Género No ficción

Pregunta esencial

¿Quién te ayuda?

Lee sobre las diferentes maneras en que ayudan las personas de tu comunidad.

¡Conéctate!

Mucha gente nos ayuda

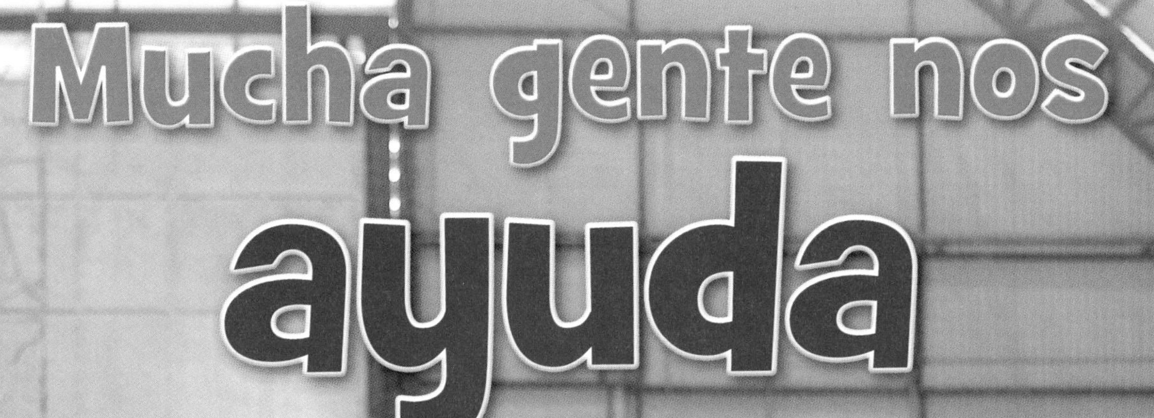

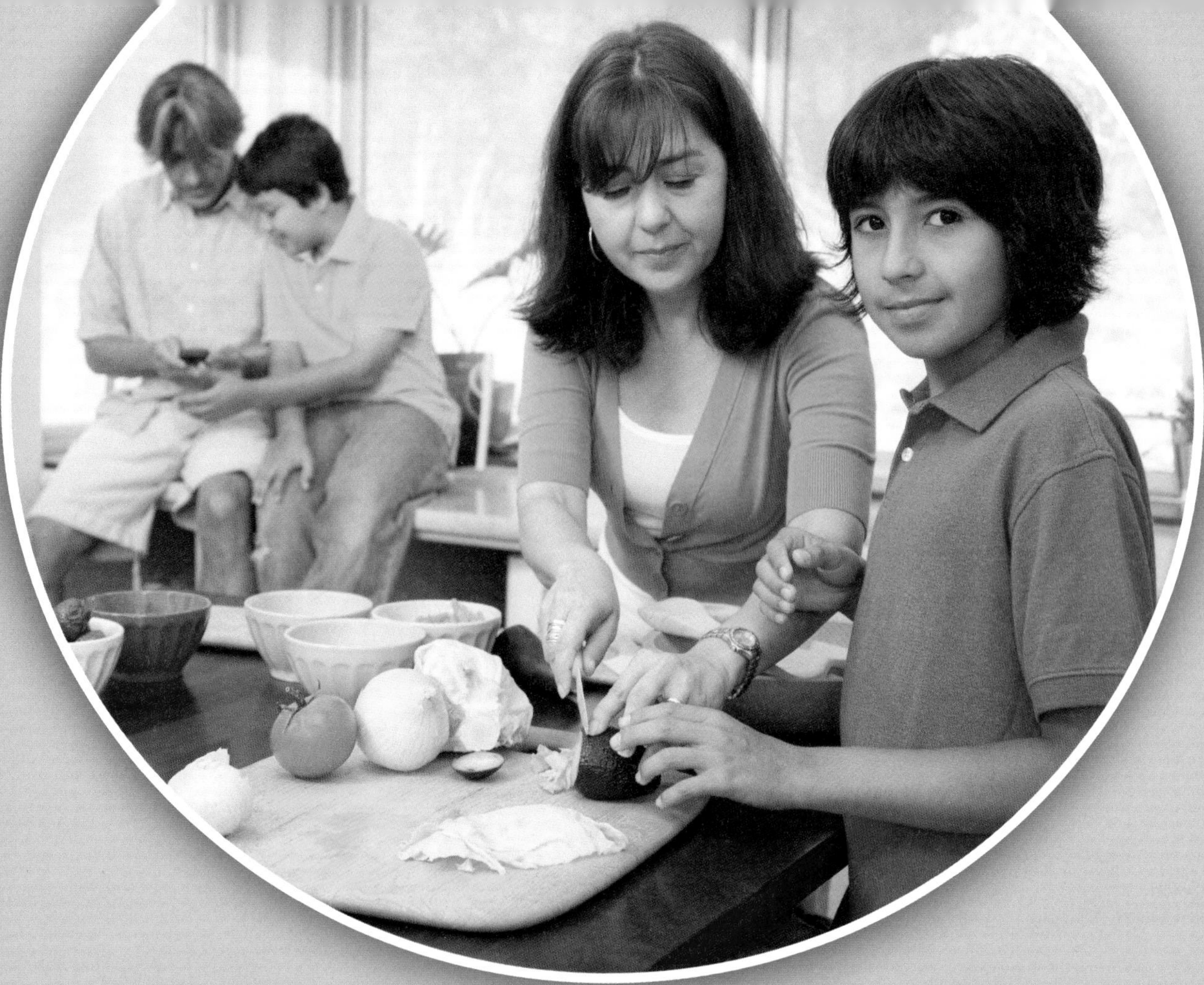

Todos los días, la gente abre su corazón y nos ayuda de diferentes maneras. Ayudar es hacer algo por los demás. Es brindar a otras personas lo que necesitan, y es intentar que su vida sea mejor.

¿Qué personas nos ayudan día a día?

Jupiterimages/Comstock Images/Getty Images

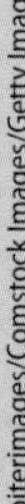

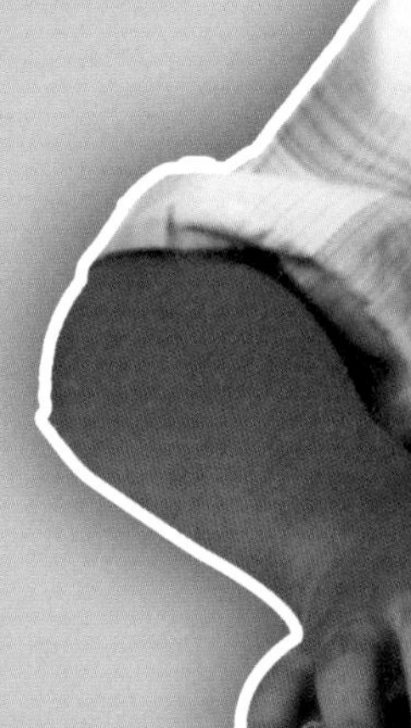

Nuestra familia suele ayudarnos. Nos ama y nos acepta. ¡Esa es una forma de ayudarnos!

Una familia puede tener una **madre** y un **padre**. Este niño también tiene un hermano mayor. Su hermano lo ayuda a **cumplir** con sus obligaciones, como las tareas de la escuela.

Corbis/age fotostock

Al **principio**, es **habitual** que la escuela resulte algo rara. Las maestras y los maestros nos ayudan a adaptarnos. Nos ayudan a leer, a escribir y a **presentar** nuestros trabajos. Nos hablan sobre muchas cosas interesantes.

Big Cheese Photo/Alamy

Los entrenadores también nos ayudan. Este entrenador enseña a los niños a lanzar y a **recibir** la pelota. Les dice qué movimientos deben hacer con el brazo y el hombro.

¿Alguien te ha enseñado algún deporte?

Los médicos nos ayudan a cuidar nuestra salud. Los visitamos para hacernos un control. Y también cuando nos sentimos enfermos.

La niña de la foto tiene mucha tos. La doctora la va a ayudar a sentirse mejor.

¿Vas a la escuela en autobús o vas caminando? Vayas como vayas, mucha gente ayuda para que llegues bien a tu destino.

Otras personas se aseguran de que estemos siempre a salvo. Los bomberos y los policías, por ejemplo, nos protegen siempre.

Algunos niños y niñas necesitan un adulto con quien conversar. En ciertos espacios los niños y niñas comparten actividades con adultos. A veces, los adultos pueden darnos palabras de apoyo y ser nuestros amigos.

Un grupo especial llamado **Big Brothers Big Sisters** apadrina a niñas y niños.

Alistair Berg/Digital Vision/Getty Images

Hay mucha gente a nuestro alrededor. Cada uno tiene un **carácter** y una forma de ser diferente, y ayuda como puede.

Nuestra familia nos ama. Los maestros nos enseñan. Los médicos cuidan nuestra salud. Los bomberos y los policías nos cuidan en las calles. Todos ofrecen algo útil y necesario para vivir mejor en la comunidad.

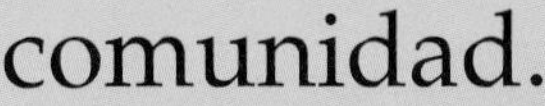

Haz conexiones

¿Qué personas te ayudan en tu comunidad? ¿Cómo te ayudan?

Pregunta esencial

Comstock/PunchStock

Propósito del autor

El **propósito del autor** es la razón por la cual un autor escribe un texto.

Busca evidencias en el texto

Busca una pista que te ayude a comprender el propósito del autor.

página 251

Hay mucha gente a nuestro alrededor. Cada uno tiene un **carácter** y una forma de ser diferente y ayuda como puede.

Nuestra familia nos ama. Los maestros nos enseñan. Los médicos cuidan nuestra salud. Los bomberos y los policías nos cuidan en las calles. Todos ofrecen algo útil y necesario para vivir mejor en la comunidad.

Pista	Pista
Las familias nos aman. Los maestros nos enseñan.	Los médicos, los policías y los bomberos nos cuidan.

Propósito del autor

Enseñar que hay muchas maneras de ayudar a los demás.

Tu turno

Comenta cuál fue el propósito del autor al escribir "Mucha gente nos ayuda".

¡Conéctate! *Usa el organizador gráfico interactivo.*

Escritura y gramática

De lectores...

Voz Sabrina escribió una nota de agradecimiento usando sus propias palabras.

Nota de agradecimiento de Sabrina

Querida Gabriela:

Gracias por leerme el hermoso cuento "Mi perrito".

Es un relato muy lindo.

Sabrina

Tu turno

Señala los elementos de la nota de Sabrina que muestran que usó su propia voz para agradecer.

a escritores

Leer juntos

Sinónimos y antónimos Los **sinónimos** son palabras de significados similares, como **casa** y **hogar**. Los **antónimos** son palabras de significados opuestos, como **subir** y **bajar**.

Gracias por leerme el hermoso **cuento** "Mi perrito". Es un **relato** muy lindo.

Tu turno

- Subraya otros dos sinónimos en la nota de Sabri y busca un antónimo para ambos.
- Haz un círculo a las comillas.
- Escribe oraciones que tengan sinónimos. Escribe antónimos de esas palabras.

Silvia Álvarez Castellar

Concepto semanal
¡Qué tiempo hace!

Pregunta esencial
¿Cómo nos afecta el tiempo?

¡Conéctate!

Derek Croucher/Alamy

¡Nevazón!

Coméntalo

¿Qué hacen de una manera diferente estas personas en la nieve?

Palabras para aprender

aprender

Los niños quieren **aprender** a esquiar.

campo

Los niños juntan las hojas del **campo**.

diferente

Una manzana tiene **diferente** color.

obtener

¡Entrenaron duro para **obtener** el premio!

principal

¿Quién sabe cuál es la idea **principal**?

Leer juntos

reunir

Los niños se suelen **reunir** para jugar.

etcétera

Ella junta flores rojas, blancas, **etcétera**.

país

Este es el mapa de nuestro **país**.

Tu turno

Lee la oración para cada palabra. Luego, haz otra oración.

¡Conéctate! *Usa el glosario digital ilustrado.*

Sonido pl

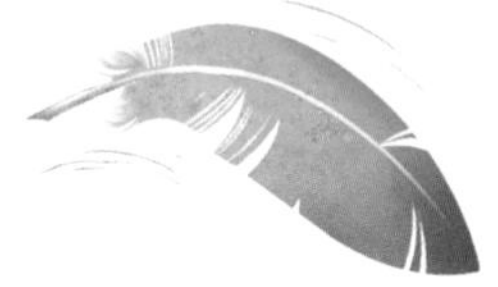

La palabra **pluma** comienza con el sonido pl.

Con este sonido podemos formar las sílabas pla, ple, pli, plo, plu.

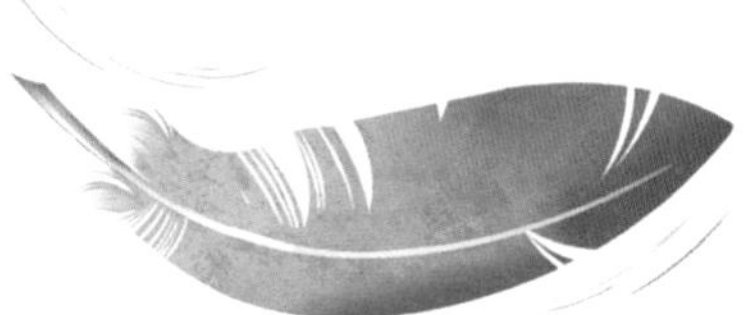

Estas palabras tienen el sonido pl.

playa	**completo**	**aplicar**
diploma	**plano**	**simple**
plato	**réplica**	**explota**

Ani cumplió años en pleno verano.

Sopló las velas y todos aplaudimos.

Tu turno

Busca estas palabras con el sonido pl en "Un vaquero en la nieve".

playa	**plumas**	**plaza**
contemplar	**plan**	**plástico**
completo	**aplausos**	

CCSS
Género Ficción realista
Pregunta esencial
¿Cómo nos afecta el tiempo?
Lee acerca de un niño que descubre la nieve.
¡Conéctate!
Ana Clariana

Un vaquero en la nieve

Antonio Medel

Matías y su familia acaban de mudarse a la ciudad. La casa es muy bonita y todos están contentos. Todos, excepto Matías. ¡No imaginaba que iba a recibirlos semejante nevada! En esta época del año, en su ciudad, solía ir a la playa. Pero aquí… ¿qué puede hacer con este frío?

Ana Clariana

La mamá le dice que es muy exagerado. Y le dice que en los lugares donde nieva, en el **campo** o en la ciudad, los niños también juegan. Luego, le da un abrigo de plumas y una bufanda que ella usaba de pequeña, y le dice que salga con su hermano:

—¡Vamos! ¡A pasear!

Matías sale de la casa enfurruñado. Todo le resulta extraño, casi tan **diferente** como si estuviera en otro **país**. Al llegar a una plaza, ve un enorme cartel que anuncia un concurso de muñecos de nieve. Matías ha visto muñecos de nieve solo en las películas. Así que decide ir a ver cómo los hacen.

Ana Clariana

Matías se siente tímido porque no conoce a nadie. Entonces se sienta en un costado junto a su hermano, para contemplar el trabajo de los demás. Quiere mirar y quiere **aprender**, pero sin molestar. De repente, con un grito amistoso, un niño del grupo los invita:

—¡Necesitamos ayuda para arrastrar la bola! ¡Vengan!

Matías se acerca despacio. Nadie lo sabe, pero este es un momento único para él. ¡Está tocando la nieve por primera vez! ¡Y de una manera tan divertida!

Poco después, con la ayuda de Matías, la tarea **principal** del equipo ya está lista. El muñeco de nieve va tomando forma.

Ana Clariana

El plan, por supuesto, es **obtener** el primer premio. Pero lo más importante es el trabajo en equipo. Cada niño trajo algo, y así lograron **reunir** botones de plástico, piedritas de colores, una zanahoria, un sombrero, **etcétera**, etcétera. ¡Hasta trajeron un caballo de madera!

—Me parece que este vaquero no está completo… —dice uno de los niños.

Matías piensa. ¿Qué puede darle él al muñeco? Entonces se da cuenta… ¡la bufanda de su mamá! Todos aceptan la idea de Matías con aplausos y carcajadas. Están felices porque, sin dudas, el vaquero de nieve es el muñeco más original de todos.

Ana Clariana

Matías ya no tiene frío ni se siente extraño. Ahora está contento, y de una manera maravillosa: ¡la manera de descubrir cosas nuevas! Es fantástico conocer la nieve y, al mismo tiempo, descubrir nuevos amigos para jugar con ella.

Además... ¡el vaquero de nieve ha recibido el primer premio en el concurso!

Haz conexiones

¿En qué cambió la opinión de Matías sobre la nieve?

Pregunta esencial

Causa y efecto

La **causa** es la razón por la cual sucede algo. El **efecto** es lo que sucede.

Busca evidencias en el texto

Busca la causa por la que Matías se sienta junto a su hermano en el parque.

página 267

Matías se siente tímido porque no conoce a nadie. Entonces se sienta en un costado junto a su hermano, para contemplar el trabajo de los demás. Quiere mirar y quiere **aprender**, pero sin molestar.

Ana Clariana

Causa	Efecto
Matías se muda a otra ciudad.	Todo le resulta nuevo y extraño.
Sale de paseo.	Se entera de que hay un concurso de muñecos de nieve.
Lo invitan a hacer un muñeco de nieve.	Su equipo gana el concurso.

Tu turno

Comenta causas y efectos de "Un vaquero en la nieve".

¡Conéctate! *Usa el organizador gráfico interactivo.*

Escritura y gramática

De lectores...

Voz Plácido escribió una carta con sus propias palabras.

Carta de Plácido

Querida amiga:

Ayer la camioneta se atascó. Mamá llamó al remolque. Yo hice un muñeco de nieve para pasar el rato. ¡Fue divertido!

Tu amigo, Plácido

COLABORA

Tu turno

Explica qué palabras le dan una voz amistosa a la carta de Plácido.

a escritores

El sujeto El **sujeto** es el que realiza la acción de la que habla la oración.

Mamá llamó al remolque.

Tu turno

- Subraya otro sujeto en alguna de las oraciones de Plácido.
- Encierra en un círculo los dos puntos en el saludo y la coma en la despedida.
- Escribe otras oraciones. Subraya el sujeto en cada una.

Peter Francis

Concepto semanal
Compartir tradiciones

Pregunta esencial
¿Qué tradiciones conoces?

¡Conéctate!

Coméntalo
COLABORA

¿Qué está aprendiendo este niño de su abuela?

¡Tu legado!

Palabras para aprender

ambos

Ambos niños saben la respuesta.

aspecto

¡El **aspecto** del mar es fantástico!

edad

Hoy cumplo un año más de **edad**.

lector

Este niño es un buen **lector**.

libertad

Esta ave vuela en **libertad**.

voz

Aline y su tía tienen una **voz** muy bella.

impermeable

Con el **impermeable** no me mojo la ropa.

paraguas

El **paraguas** me protege de la lluvia.

Tu turno

Lee la oración para cada palabra. Luego, haz otra oración.

¡Conéctate! *Usa el glosario digital ilustrado.*

Sonido pr

La palabra **primavera** comienza con el sonido pr.

Con este sonido podemos formar las sílabas pra, pre, pri, pro, pru.

Estas palabras tienen el sonido pr.

prisa	**prudente**	**prestado**
promesa	**pradera**	**compra**
siempre	**profesor**	**primo**

Steve Dorado

Estamos preparando una carrera.

Los tres primeros en llegar recibirán un premio.

Tu turno

COLABORA

Busca estas palabras con el sonido pr en "En busca de los farolitos perdidos".

primera **primavera** **pregunto**

pronto **preciosos**

CCSS **Género** Ficción realista

Pregunta esencial

¿Qué tradiciones conoces?

Lee acerca de los festejos del Año Nuevo Chino.

¡Conéctate!

Steve Dorado

En busca de los farolitos perdidos

Noelia Manzur

Hoy visito por primera vez el barrio chino. Mi amiga Juli me invitó a pasar la fiesta de Año Nuevo Chino con su familia. Así que, para mí, este año empezará dos veces. ¡Y lo mejor de todo es que yo estaré en **ambos** festejos!

Juli me explica que, para los chinos, el Año Nuevo es también la Fiesta de la Primavera. Y que, según la tradición, cada familia limpia a fondo su casa para recibir el nuevo año con energía renovada.

Mientras todos se ocupan de sus tareas, Juli me dice en **voz** baja que la suya corre peligro… Ella es la encargada de los farolitos, ¡pero no los encuentra por ningún lado! Nuestra misión es encontrar los faroles cuanto antes. ¡A buscarlos, entonces!

Steve Dorado

En la cocina, la mamá nos dice que esperemos para comer *nián gāo*. Así les dicen a los pastelitos de arroz. Mientras tanto, Juli busca disimuladamente en los rincones. Le pregunto en voz baja qué **aspecto** tienen los farolitos perdidos. Y en un susurro me responde que son lámparas de papel, rojas. Ahora tal vez pueda ayudar un poco más.

Buscamos en el cuarto de Kun. Hizo este león él solo. ¡Es un chico muy hábil para su **edad**! Por sus libros, parece que también es un gran **lector**. Hoy, va a bailar la tradicional Danza del León en el desfile. Está con la cabeza ahí dentro, así que ni nos escucha.

Veo un **paraguas** y un viejo **impermeable**, pero ni noticia de los farolitos…

Steve Dorado

¡Allí están los farolitos! ¡Los tenía el travieso de Dino! Pero, ¿para qué los quiere? ¡Él no puede encenderlos! Vamos a colgarlos afuera. Pronto, para que todos los vean.

Se ven los fuegos artificiales: están comenzando los festejos en el vecindario. ¡A la calle!

La noche está estrellada. El desfile es una fiesta de color y **libertad**. Lo que más me gusta es el dragón. Juli dice que el dragón simboliza la fuerza, la salud y la buena suerte en muchos países de Asia. Y yo pienso que, con tantas cosas bonitas, la buena suerte seguro llegará a este vecindario.

Steve Dorado

Me encanta ver a la familia de Juli y a todos los vecinos en la calle. Los faroles son preciosos y el león es muy divertido. Eso sí: tendremos que guiar a Kun… ¡Con esa cabeza no sabemos en qué estará pensando!

Haz conexiones

¿Qué tradiciones de otras partes del mundo conoces?

Pregunta esencial

Tema

El **tema** de un cuento es la idea más importante o el mensaje que el autor quiere dar a los lectores.

Busca evidencias en el texto

Busca pistas para descubrir el tema de "En busca de los farolitos perdidos".

página 284

Hoy visito por primera vez el barrio chino. Mi amiga Juli me invitó a pasar la fiesta de Año Nuevo Chino con su familia. Así que, para mí, este año empezará dos veces. ¡Y lo mejor de todo es que yo estaré en **ambos** festejos!

Steve Dorado

Leer juntos

Pista

Se comen comidas especiales.

Pista

Muchas personas usan trajes coloridos y tradicionales.

Pista

Las calles y las casas se decoran con farolitos.

Tema

El Año Nuevo Chino es una tradición especial.

Tu turno

Comenta el tema de "En busca de los farolitos perdidos".

¡Conéctate! *Usa el organizador gráfico interactivo.*

De lectores...

Fluidez de la oración Pedro usó varios tipos de oraciones para hacer interesante su carta.

Carta de Pedro

Querido Pablo:

¿Tú conoces el zoológico? Toni y yo fuimos ayer. Las focas son geniales. ¡Yo quiero volver! Saludos,

Pedro

COLABORA

Tu turno

Señala los diferentes tipos de oraciones en la carta de Pedro.

a escritores

El predicado El **predicado** es la parte de la oración que cuenta cómo es o qué hace el sujeto.

¡Yo **quiero volver**!

Tu turno

- Subraya el predicado de otra oración de la carta de Pedro.
- Encierra en un círculo los dos puntos en el saludo y la coma en la despedida.
- Escribe otras oraciones. Subraya los predicados.

Hector Borlasca

Concepto semanal
Celebraciones en Estados Unidos
Pregunta esencial
¿Por qué tenemos días festivos?
¡Conéctate!

Rojo, blanco y azul

Coméntalo

¿Qué están celebrando estas personas?

Ron Sherman/Stone/Getty Images

Palabras para aprender

completo

El cajón de manzanas está **completo**.

crear

Voy a **crear** una torre con estos bloques.

diez

¡Juntamos **diez** cajas de botellas vacías!

luz

Es lindo ver la **luz** del sol entre las ramas.

proponer

¡Voy a **proponer** un aplauso bien fuerte!

tampoco

Hoy **tampoco** iremos a jugar a la plaza.

gracias

¡**Gracias** por las flores, hermanito!

nación

Nuestra **nación** tiene cincuenta estados.

Tu turno

Di la oración para cada palabra.
Luego, haz otra oración.

¡Conéctate! *Usa el glosario digital ilustrado.*

CCSS **Fonética/Fluidez**

Sonidos ks, j de la letra *x*

Algunas veces, la letra *x* se pronuncia con el sonido ks, como en la palabra **saxofón**.

Otras veces, la letra *x* se pronuncia con el sonido j, como en la palabra **México**.

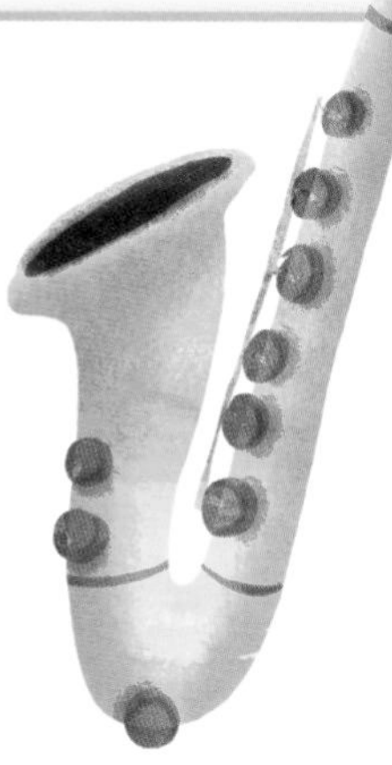

En estas palabras la letra *x* tiene el sonido ks o j.

examen	**éxito**	**próximo**
extenso	**Ximena**	**exacto**
oxígeno	**Texas**	**mexicano**

¡Con mi tío Máximo tenemos un plan excelente!

Visitaremos Texas el 4 de Julio.

Tu turno

Busca estas palabras con el sonido ks o j de la letra *x* en "¡Gracias por la cosecha!".

excelente extensos éxito expanden

Pierre Desrosiers/Photographer's Choice RF/Getty Images

¡Gracias por la cosecha!

Cada año, los granjeros recogen lo que cultivaron. A ese momento le llamamos cosecha. La cosecha señala el fin de la estación de cultivo y es un momento para festejar.

Agradecer

En nuestra **nación**, las familias celebran la cosecha de muchas maneras. Hacen grandes comidas, fiestas y ferias. La cosecha es un momento excelente para **proponer** encuentros y compartir lo que se cosechó.

Los puestos de las granjas ofrecen verduras y frutas de su cosecha. Por ejemplo, en otoño ofrecen calabazas y manzanas, y en primavera, fresas y tomates.

(t) Karin Dreyer/Blend Images/Getty Images; (b) C Squared Studios/Photodisc/Getty Images

A lo largo del país, la gente da **gracias** por la cosecha del otoño. Este día es el Día de Acción de Gracias. Se celebra el cuarto jueves de noviembre. Las familias se reúnen a comer y agradecer.

Pero… ¿sabes cómo fue el primer Día de Acción de Gracias?

Image Source/Getty Images

En 1620, los peregrinos navegaron desde Inglaterra hasta Plymouth, en Massachusetts. Los indígenas de la zona les enseñaron qué debían sembrar.

La primera celebración del Día de Acción de Gracias fue en el año 1621. Los peregrinos que llegaron a Estados Unidos hicieron una fiesta para agradecer la cosecha. Comieron pato, ciervo, maíz y calabazas.

¿Comemos alguna de estas cosas hoy en día?

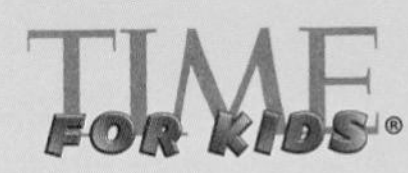

Hoy, las familias continúan dando gracias con una celebración.

El pavo no puede faltar. **Tampoco** faltan el maíz ni los frijoles.

La idea de esta celebración es agradecer y compartir la cosecha.

Muchas familias preparan platos especiales el Día de Acción de Gracias. Los alimentos de la cosecha del otoño suelen estar en la mesa.

Fiestas y ferias

El Día de Acción de Gracias se festeja de diferentes formas. En muchos estados hay extensos desfiles donde la gente baila y canta. En algunos desfiles los niños se disfrazan. Así, representan la primera celebración del Día de Acción de Gracias.

En Plymouth, la ciudad donde se festejó el Día de Acción de Gracias por primera vez, las personas se disfrazan de peregrinos y de indígenas.

En la Fiesta de la Cosecha de Kentucky, la estrella es el maíz. A la **luz** del sol, una montaña de mazorcas de unos **diez** pies brilla como el oro. Los niños concursan para ver quién pela la mayor cantidad de mazorcas. Las familias, en equipos, hacen juegos de lanzamiento de bolsas rellenas con semillas de maíz.

El lanzamiento de bolsa es popular en las fiestas de Kentucky y Ohio. Los jugadores lanzan su bolsa y tratan de embocarla en un agujero.

Stan Rohrer/Alamy

Kwanzaa, que significa "primeros frutos", es otra fiesta de la cosecha. En ella, se agradecen los cultivos como el maíz, las manzanas y las peras.

La calabaza es un alimento muy **completo**. En algunas ciudades se usan para **crear** botes y hacer carreras. Luego de la carrera, se usan para abonar la tierra.

Kwanzaa comienza el 26 de diciembre. Es una celebración de la cosecha en África. Mucha gente en Estados Unidos festeja Kwanzaa.

¡Estos botes son todo un éxito! Son de la Carrera de Calabazas Gigantes de Oregón.

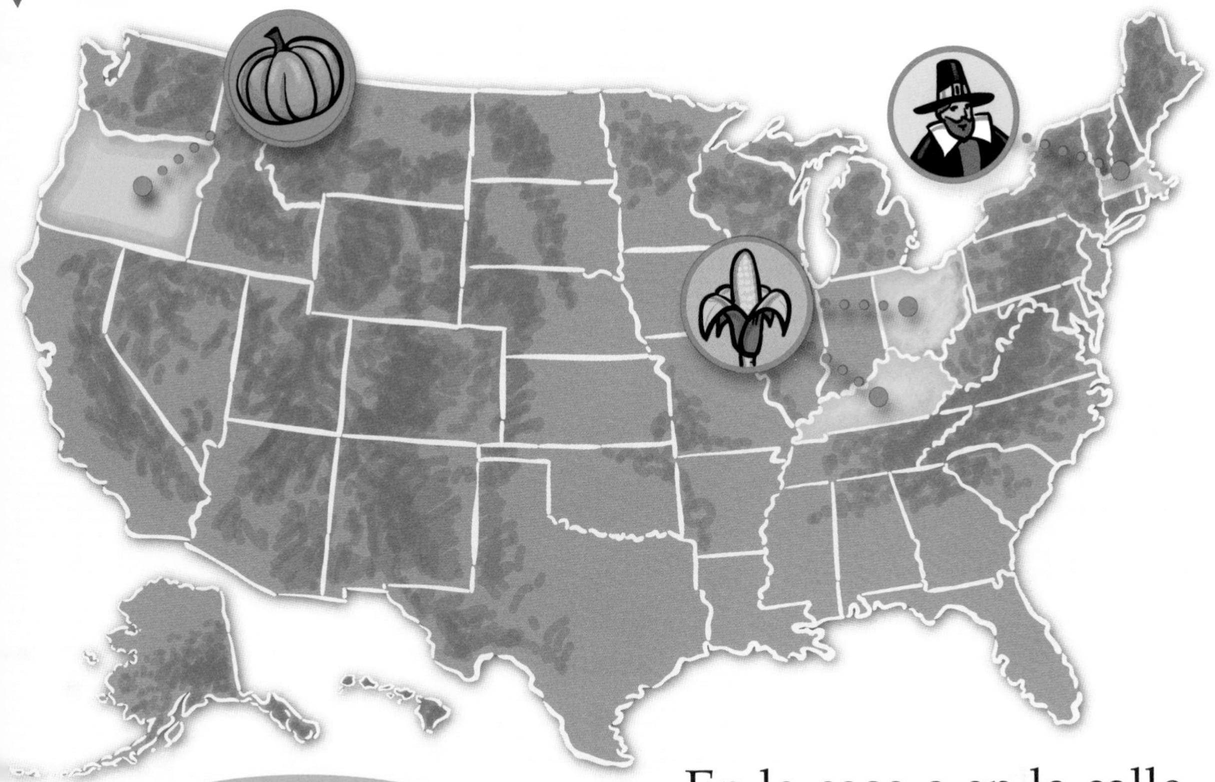

Referencias

Carrera de Calabazas Gigantes de Oregón

Fiesta de la Cosecha de Kentucky y Ohio

Peregrinos del primer Día de Acción de Gracias en Massachusetts

En la casa o en la calle, las celebraciones se expanden por todo el país. ¡La cosecha es un momento de celebración para todos!

Haz conexiones

¿Cómo celebras tú la cosecha? **Pregunta esencial**

George Hamblin

Propósito del autor

El **propósito del autor** es la razón por la cual el autor escribe un texto.

Busca evidencias en el texto

Busca una pista que te ayude a comprender el propósito del autor.

página 306

La primera celebración del Día de Acción de Gracias fue en el año 1621. Los Peregrinos que llegaron a Estados Unidos hicieron una fiesta para agradecer la cosecha. Comieron pato, ciervo, maíz y calabazas.

Pista

La primera celebración del Día de Acción de Gracias fue en 1621 para agradecer la cosecha.

Pista

Hoy, las familias continúan dando gracias con una celebración. Hacen desfiles, ferias y festivales.

Propósito del autor

Dar información *sobre* la primera celebración del Día de Acción de Gracias y *sobre* cómo *se* celebra hoy.

Tu turno

Comenta cuál fue el propósito del autor al escribir "¡Gracias por la cosecha!".

¡Conéctate! ***Usa el organizador gráfico interactivo.***

CCSS **Escritura y gramática**

De lectores...

Ideas Roxana escribió un informe. Incluyó una idea principal y detalles.

Informe de Roxana

El 4 de Julio es un día festivo. Celebramos con fuegos artificiales que suenan fuerte. A algunos nos gustan mucho. Otros se tapan los oídos.

COLABORA

¿Qué detalles dio Roxana en su informe?

a escritores

Combinar oraciones Podemos combinar oraciones con palabras como **y**, **pero**, **porque** y **que**.

Celebramos con fuegos artificiales **que** suenan fuerte.

Tu turno

- Combina las dos últimas oraciones del informe de Roxana en una sola. Subraya la mayúscula inicial y los signos de puntuación.
- Escribe dos oraciones y combínalas.

Tim Beaumont